SAMMLUNG GÖSCHEN BAND 184

Textilindustrie

I

Spinnerei und Zwirnerei

Von

Dipl.-Ing. A. Blümcke

Mit 43 Abbildungen

WALTER DE GRUYTER & CO.

vormals G. J. Göschen'sche Verlagshandlung — J. Guttentag, Verlagsbuchhandlung — Georg Reimer — Karl J. Trübner — Veit & Comp.

Berlin 1954

Archiv-Nr. 11 01 84
Satz u. Druck: Buchkunst, Berlin W 35
Printed in Germany.

Inhaltsangabe

Seite

Erster Hauptteil: Die Gespinstfasern 7

A. Einteilung der Gespinstfasern 7

B. Die wirtschaftlich wichtigsten Faserstoffe 8

I. Baumwolle 8

II. Stengelfasern 9

a) Allgemeines über ihre Gewinnung 9

b) Die am meisten angebauten Stengelfasern 12

1. Flachs 12
2. Hanf 13
3. Jute 14
4. Ramie 15
5. Einige sonstige Stengelfasern 17

III. Die Blattfasern 18

a) Sisal 18

b) Manila 19

IV. Fruchtfasern 19

V. Tierische Fasern 19

a) Schafwolle 19

b) Haare 21

c) Natürliche Seide 22

VI. Künstliche Faserstoffe 22

Zweiter Hauptteil: Die Spinnerei 25

A. Grundsätzliches über das Spinnen 25

B. Die Baumwollspinnerei 26

I. Mischen 26

II. Auflösen bis zur Flocke und Reinigen 27

III. Auflösen zur Einzelfaser und Bandbildung 31

IV. Kämmen 32

V. Strecken 33

VI. Feinspinnen 38

VII. Nacharbeiten 43

VIII. Zellwollspinnerei 43

Seite

C. Die Bastfaserspinnerei 44
I. Die Flachsspinnerei 44
a) Hecheln 44
b) Die Flachslangfaserspinnerei 48
1. Bandbilden durch Anlegen 48
2. Strecken 50
3. Vorspinnen 52
4. Feinspinnen 52
c) Die Werggarnspinnerei 55
1. Bandbilden auf der Karde 55
2. Strecken 58
3. Vorspinnen 58
4. Feinspinnen 59
5. Nacharbeiten 59
II. Die Hanfspinnerei 59
III Die Jutespinnerei 62
IV. Die Seilgarn- und Hartfaserspinnerei 64

D. Die Verarbeitung von Wolle zu Kammgarn 65
I. Allgemeines über die Wollverarbeitung 65
II. Die Wollkämmerei 66
a) Sortierung 66
b) Wäscherei 67
c) Krempeln 71
d) Strecken 73
e) Kämmen 75
f) Plätten 78
III. Die Kammgarnspinnerei 80
a) Die Vorspinnerei 80
1. Allgemeines über die Vorspinnerei 80
2. Das französische Vorbereitungssystem 81
3. Das englische Vorbereitungssystem 85
4. Das deutsche Vorbereitungssystem 86
5. Vorbereitung für die Buntspinnerei 86
b) Die Feinspinnerei 86
1. Die Ringspinnmaschine 87
2. Die Glockenspinnmaschine 88
3. Die Flügelspinnmaschine 89
4. Der Selfaktor oder Wagenspinner 89
c) Das Fachen und Zwirnen 90
d) Nacharbeiten 92

Seite

E. Die Streichgarnspinnerei 93
I. Allgemeines über die Streichgarnspinnerei 93
II. Die Verarbeitung von Naturwolle zu Streichgarn 94
a) Vorbereitung zum Spinnen 94
b) Mischen und Lockern 95
c) Krempeln 97
d) Spinnen 100
III. Die Verarbeitung von Kunstwolle zu Streichgarn 101
IV. Die Verarbeitung von Baumwolle oder Baumwollabfällen zu Streichgarn 102

F. Die Schappespinnerei 103
I. Entbasten 104
II. Öffnen und Kämmen 104
III. Bandbildung und Strecken 107
IV. Feinspinnen 108
V. Nacharbeiten 108

G. Die Bourrettespinnerei 109

H. Die Ramiespinnerei 109

Sachverzeichnis 111

Verzeichnis der Abbildungen

Abb. 1 Knicken 11
„ 2 Schwingen 12
„ 3 Baumwolle, Wolle 16
„ 4 Flachs, Hanf, Jute, Sisal, Manila 16

Baumwolle

„ 5 Kastenballenbrecher 27
„ 6 Kastenspeiser 28
„ 7 Öffner 29
„ 8 Schlagmaschine 30
„ 9 Deckelkrempel 31
„ 10 Strecke 34
„ 11 Nach- und voreilende Spule 36
„ 12 Flyer 37
„ 13 Ringspinnmaschine 38
„ 14 Selfaktor (Wagenspinner) 40

Seite

Bastfaser

Abb. 15 Handhebel 45
„ 16 Hechelmaschine 46
„ 17 Anlege 49
„ 18 Strecke 50
„ 19 Vorspinnmaschine 51
„ 20 Trockenspinnmaschine 53
„ 21 Naßspinnmaschine 54
„ 22 Flachsfeinkarde 56
„ 23 Pilgerschrittweiche 60
„ 24 Jutesoftener 62
„ 25 Vorkarde mit Muldenspeisung 62
„ 26 Breaker 65

Wolle

„ 27 Reißwolf 67
„ 28 Waschmaschine 69
„ 29 Trockner 70
„ 30 Kammgarnkrempel 72
„ 31 Doppelnadelstabstrecke 74
„ 32 Stapeldiagramm der Wolle 75
„ 33 Kammstuhl 76
„ 34 Plätte 78
„ 35 Nitschelstrecke 83
„ 36 Ringspinnmaschine 87
„ 37 Glockenspindel 88
„ 38 Krempelwolf 96
„ 39 Streichgarnkrempel 97, 98, 99

Schappe

„ 40 Kokonöffner 105
„ 41 Großer Filling 105
„ 42 Rundkämmaschine 106
„ 43 Anlegespreader 108

Erster Hauptteil

DIE GESPINSTFASERN

A. Die Einteilung der Gespinstfasern

Von der großen Zahl der bekannten Spinnstoffe wird nur eine kleine Zahl industriell verarbeitet. Alle anderen haben nur eine geringe oder nur örtliche Bedeutung und scheiden deshalb bei der Besprechung industrieller Verarbeitungsverfahren aus.

Nach der Gewinnung kennt man:

natürliche Faserstoffe, welche die Natur in irgendeiner Form liefert, und

künstliche Faserstoffe (geschaffene oder Chemiefasern), welche, von den verschiedensten Ausgangsstoffen ausgehend, unter Zuhilfenahme chemischer Vorgänge, geschaffen werden.

Die natürlichen Faserstoffe sind mengenmäßig die wichtigsten. Bei ihnen unterscheidet man folgende Gruppen:

pflanzliche Faserstoffe, die wieder je nach ihrer Lage in der Pflanze, folgendermaßen unterteilt werden:

Samenfasern, die an den Samen sitzen und durch Abtrennen von diesen gewonnen werden,

Stengelfasern, die sich im Stengel von Faserpflanzen befinden und die man in einem besonderen Gewinnungsprozeß aus diesen gewinnen muß,

Blattfasern, die sich in den langen Blättern einer Reihe von Pflanzen befinden und die man durch Entfernen des Blattfleisches isolieren kann, ferner

Fruchtfasern, die sich in der Umhüllung der Frucht einer Pflanze vorfinden können,

tierische Faserstoffe, zu denen die

natürliche Seide und die

Haare einer Reihe von Tieren gehören. Von diesen werden die Haare des Schafes als Wolle bezeichnet, die aller anderen Tiere als Haare,

mineralische Faserstoffe, die im Erdreich gefunden werden. Hierhin gehören der Asbest.

Die künstlichen Faserstoffe sind unter Zuhilfenahme chemischer Vorgänge hergestellte Fasern, wobei man ursprünglich die natürliche Seide nachmachen wollte. Die Zahl dieser Faserstoffe ist im Laufe der Jahre sehr groß geworden. Man hat es in der Hand, ihre Länge, die Form und die Größe des Querschnitts weitgehend zu ändern, so daß sehr viele Typen auf dem Markt sind.

B. Die wirtschaftlich wichtigsten Faserstoffe

I. Die Baumwolle

(botanischer Name: Gossypium, in einer Reihe von Abarten)

Die Pflanze bildet eine Frucht, die eine Reihe von Samenkörnern enthält. An diesen sitzen die Samenhaare. Zur Zeit der Reife sprengen die wachsenden Samenhaare die Kapseln auf, wonach die Ernte durch Pflücken der Samenhaare mit den Samen erfolgt. Diese Arbeit ist meistens noch Handarbeit, Pflückmaschinen sind entwickelt, doch noch nicht allgemein eingesetzt. Es folgt ein Trocknen und Sortieren, wonach die Haare von den Samen abgetrennt werden, das sogenannte Egrenieren. Bei einem ersten Arbeitsgang werden die längeren Samenhaare erfaßt, die sich zum Verspinnen eignen, die kürzeren, zum Verspinnen unbrauchbaren Haare, werden dann gesondert gewonnen. Sie kommen unter der Bezeichnung Linters in den Handel und können Ausgangsstoff für die Kunstseidenherstellung sein.

Die Baumwollstaude wächst nur in der tropischen Zone, wobei ihr günstige klimatische Bedingungen, besonders Feuchtigkeit und entsprechender Boden, zur Verfügung stehen müssen. Auf der nördlichen Halbkugel ist der Anbau bis zum 41. Breitengrad etwa möglich, auf der südlichen Halbkugel reicht er nicht so weit. Die Aussaat erfolgt im Frühjahr, die Wachstumsperiode bis zur Reifezeit beträgt 5 bis 6 Monate. Die Felder benötigen ausreichende Pflege, wobei besonders der Bodenlockerung und der Unkrautbekämpfung Aufmerksamkeit zugewandt werden muß. Wie jede Kulturpflanze hat die Baumwollpflanze tierische wie auch pflanzliche Schädlinge, welche die Pflanze in ihrem Wachstum hemmen können und den Ertrag dadurch schmälern. Es gibt chemische Bekämpfungsmittel, ferner versucht man,

Sorten zu züchten, die gegen Krankheiten fest sind oder man verlegt den Anbau in solche Gebiete, in denen durch die Bodenverhältnisse gewisse Schädlinge nicht auftreten.

Die Spinnfasern können je nach Herkunftsland, Sorte und Anbaugegend in der Länge sehr verschieden sein. Die Längen schwanken etwa von 18 bis 20 mm für kürzeste Sorten bis zu 50 mm für beste Sorten. Die mittleren Faserlängen liegen etwa zwischen 28 und 40 mm. Hauptanbaugebiete sind Nord- und Süd-Amerika, Ägypten, Indien, China und Rußland, von denen jedes eine Reihe von Sorten in den Handel bringt.

Die Breitenausdehnung der Faser, oft Durchmesser genannt, schwankt zwischen 15 und 40 μ (1 μ = 1 Mikron = $^1/_{1000}$ mm).

Amerikanische Baumwolle enthält rund 91 v. H. Zellulose. Der Rest ist Wasser, Wachs, Fett, Eiweißstoffe und mineralische Bestandteile.

Für den Seetransport wird die Baumwolle unter starkem Druck in Ballen gepreßt. Diese starke Pressung ist erforderlich, da die Seefrachten nach Rauminhalt berechnet werden. Amerikanische Ballen wiegen 500 englische Pfund (das englische Pfund zu 453.6 g), also etwa 227 kg, das Gewicht indischer Ballen liegt zwischen 180 und 190 kg, das der ägyptischen bei 300 kg. Für statistische Vergleiche hat man den „statistischen" Ballen mit einem Gewicht von 500 englischen Pfund eingeführt. Für solche Vergleiche wird die Erzeugung von Ländern mit einem anderen Ballengewicht umgerechnet.

II. Die Stengelfasern

a) Allgemeines über ihre Gewinnung

Die Stengelfasern befinden sich in den Stengeln zwischen dem Kern (Holz) und der Außenhaut (Rinde). Diese Tatsache macht einen besonderen Gewinnungsprozeß erforderlich. Der Zusammenhalt zwischen den Faserbündeln und den umgebenden Pflanzenteilen wird durch den Pflanzenleim bewirkt, der in den meisten Fällen zuerst entfernt wird, um die Isolierung der Fasern zu ermöglichen.

Äußerlich fallen die Stengelfasern durch ihre große Länge gegenüber der Baumwolle auf. Die Bastzellen an sich sind nach Länge und Breite zum Teil der Baumwolle ähnlich, zum Teil wesentlich kürzer. Die technischen Fasern werden aus einer Reihe solcher Bastzellen gebildet, wozu sie ebenfalls durch Pflanzenleim zusammengehalten werden. Diese technischen Fasern können je nach Stengellänge eine Länge bis zu mehreren Metern aufweisen. Bei der Gewinnung kommt es darauf an, den Pflanzenleim, der die Bastbündel, also die technischen Fasern, mit den umgebenden Pflanzenteilen verbindet, zu entfernen, wobei jedoch die Verbindung innerhalb der technischen Fasern nicht geschädigt werden soll. Hierzu verwendet man die sogenannte Röste oder Rotte, bei welcher der Pflanzenleim abgebaut wird.

Rösten

Die Röste (Rotte) wird in zwei Ausführungsarten ausgeführt. Bei der *Tauröste* werden die Stengel in einer dünnen Schicht auf einer Wiese oder dgl. ausgebreitet. Es entwickeln sich an den Stengeln mikroskopisch kleine Pilze, welche den Pflanzenleim abbauen. Der Vorgang wird abgebrochen, wenn die Fasern sich leicht von den Stengeln abziehen lassen und ehe der Pflanzenleim abgebaut ist, der die Bastzellen miteinander verbindet. Der Vorgang benötigt bei günstiger Witterung 3 bis 4 Wochen. Bei der *Wasserröste* werden die gebündelten Stengel in Wasser eingesetzt. Röstbakterien, die sich auf den Stengeln entwickeln, sorgen hier für den Abbau des Pflanzenleims. Es gibt zwei Ausführungsformen der Wasserröste, die *Kaltwasserröste*, bei der das Wasser seine natürliche Temperatur hat und die je nach Temperaturhöhe etwa 2 bis 3 Wochen dauert und die *Warmwasserröste*, bei der das Wasser künstlich auf etwa 28 bis 36° C erwärmt wird. Die Folge ist eine Beschleunigung des Vorganges, der jetzt je nach Gleichmäßigkeit der Temperatur, sowie nach anderen Gegebenheiten, 2 bis 7 Tage beträgt. Eine Reihe von Versuchen sind unternommen worden, den Ablauf der Röste durch Zusätze verschiedener Art zu beeinflussen. Solche Verfahren konnten sich noch nicht allgemein einführen. Auch rein chemische Verfahren, *Aufschlüsse* genannt, sind entwickelt worden, ohne jedoch die auf natürlichen Vorgängen beruhende Röste verdrängen zu können.

Knicken und Schwingen

Nach dem Rösten werden die Stengel getrocknet und dann zwei Arbeitsgängen zur Faserisolierung unterworfen: zuerst dem Knicken (Brechen), wobei durch eine Bearbeitung senkrecht zur Faserrichtung das Holz geknickt und dadurch in kleine Stücke zerbrochen wird, sodann dem Schwingen, wobei das zerkleinerte Holz, die Schäben, aus den Fasern entfernt wird. Dabei wird mit den Schäben auch kurze Faser herausgeschlagen, so daß zwei Produkte entstehen: als Hauptprodukt parallelliegende Langfaser, als Nebenprodukt wirrliegende Kurzfasern, das Werg, ferner die Schäben, die als Brennstoff und neuerdings für Bauplatten verwendet werden können.

Das Knicken geschieht dadurch, daß die gerösteten Stengel durch geriffelte Walzenpaare bearbeitet werden, die so zusammenarbeiten, daß die Erhöhungen der einen Walze in die Vertiefungen der anderen eingreifen. Die geschmeidige Faser übersteht diese Beanspruchung, das Holz wird zertrümmert. Es sind für geröstete Stengel 12 Riffelwalzenpaare hintereinander geschaltet, deren Riffelung gruppenweise feiner wird, so daß die Zertrümmerung des Holzes in kleine Stücke gewährleistet ist.

Abb. 1. Knicke.

Beim Schwingen werden die geknickten Fasern durch Schläger bearbeitet. Industriell verwendet man die Schwingturbine, bei der zwei haspelartige Schlägersysteme zusammenarbeiten, um die Reinigung zu bewirken. Im ersten Teil der Maschine wird die eine Faserhälfte bearbeitet, im zweiten nach einem Wenden die andere.

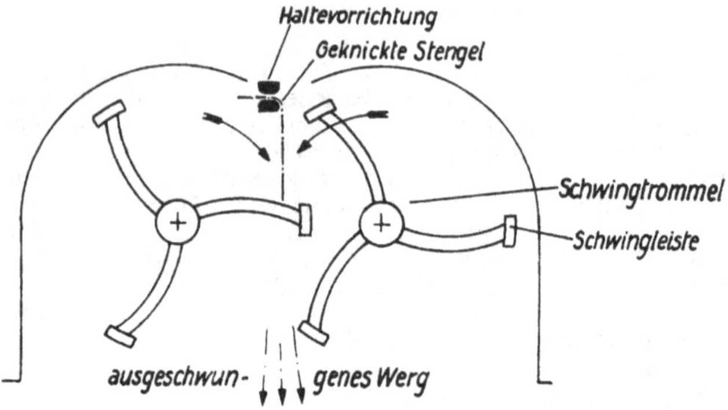

Abb. 2. Arbeitsprinzip des Schwingens.

Es ist auch möglich, die Faser mit der Hand von den Stengeln abzuziehen. Das Ergebnis ist eine sogenannte geschleißte Faser, bei der kein Werg entsteht. Die Faser bleibt bei der schonenden Arbeitsweise, die jedoch nur selten angewendet wird, fester.

b) Die hauptsächlich gewonnenen Stengelfasern

1. Flachs (botanischer Name: linum usitatissimum)

Die Flachspflanze wird zur Fasergewinnung seit alters her angebaut und gedeiht in den gemäßigten Zonen. Die größten Anbauflächen befinden sich in der nördlichen gemäßigten Zone, und zwar in Europa, wo praktisch die Flachswelternte gewonnen wird. Die größten Anbauflächen besitzt Rußland, kleinere Anbauflächen die mitteleuropäischen und westeuropäischen Staaten. Die qualitativ höchstwertigen Flächse werden in Belgien, Frankreich und Holland gewonnen. Außerhalb Europas befinden sich noch Anbauflächen in Nordamerika, Japan, Chile, Ägypten und Nordafrika. Die Flachspflanze ist einjährig, die Aussaat erfolgt im Frühjahr. Die Wachstumszeit beträgt rund 100 Tage, so daß je nach Aussaatzeitpunkt im Juni oder Juli geerntet werden kann. Die

Ernte geschieht nicht zum Zeitpunkt der Vollreife, wo die Samen voll ausgereift sind, sondern der Gelbreife, wenn die Stengel alle gelb geworden sind, da zu diesem Zeitpunkt die Faser die besten Spinneigenschaften besitzt. Bei der Ernte werden die Stengel gerauft, Mähen ist nicht üblich, da dadurch ein Teil des Stengels zur Fasergewinnung ausfällt. Die Erntemenge schwankt zwischen 2,5 und 8 dz spinnfähige Faser je ha. Die größten Hektarerträge erzielt Mittel- und Westeuropa. Aus 100 kg lufttrockenem Flachsstroh wird etwa 75 kg Stroh ohne Samen und aus diesem etwa 14 kg spinnfähige Faser, von der $1/2$ bis $2/3$ als Langfaser anfällt. Hieraus erhält man 9 bis 10 kg Rohgarn.

Im Handel ist die Flachsfaser als geschwungener Flachs (parallelliegende Langfaser von etwa 60 bis 90 cm Länge) und als Schwungwerg (wirrliegende kürzere Faser mit etwa 20 bis 25 cm Länge). Je nach Sorte, Anbaugebiet, Anbaumethoden, Witterungsbedingungen und der Sorgfalt der Ausarbeitung unterscheidet man eine Reihe qualitativ unterschiedlicher Handelssorten.

2. Der Hanf (botanischer Name: Cannabis sativa)

Die Hanfpflanze ist ebenfalls eine in Europa seit Jahrhunderten bekannte Kulturpflanze. Sie gedeiht in demselben Klima wie der Flachs, an Stengellänge übertrifft sie diesen erheblich, sie wird bis zu 3 m und höher, wobei seine Länge von der zur Verfügung stehenden Wachstumsperiode abhängt. Italien baut einen Hanf an, der 3 m und höher wird. Je nördlicher die Anbaugebiete liegen, desto kürzere Sorten kommen zum Anbau, damit die Stengel im Herbst rechtzeitig geerntet werden können. Hauptanbauländer sind Italien, Jugoslawien, Rußland. Eine Reihe anderer europäischer Staaten bauen Hanf in geringerem Umfange an, außerhalb Europas sind es die Türkei und Chile.

Ein Hanf, der sich zur Herstellung von groben Garnen für die Seilherstellung eignet, wird Seilhanf, ein solcher, aus dem man feinere Garne spinnen kann, Spinnhanf genannt.

Neben Schwinghanf und Werg bringen die Erzeugungsländer auch handgehechelten Hanf in den Handel, zu dessen Herstellung die Hanfristen je nach Länge in der Mitte gegebenenfalls einmal durch Reißen oder Schneiden geteilt werden.

Italien liefert den besten, längsten und spinnfähigsten Hanf, seine Handhechelhänfe sind im Handel unter der Bezeichnung Mazzoni, Graffietta und Spontito. Die größten Anbauflächen liegen in Oberitalien um Bologna. Der beste Hanf wächst in dem kleineren Anbaugebiet um Neapel. Der Hektarertrag liegt in Italien zwischen 10 und 12 dz je ha spinnfähige Faser. Jugoslawien baut einen etwas gröberen Hanf von guter Festigkeit an, der zur Seilherstellung gut geeignet ist. Er läßt sich nicht so hoch ausspinnen wie italienischer Hanf. Handhechelhanf geht unter der Bezeichnung Stranghanf und wird in mehreren Feinheiten auf den Markt gebracht. Der Hektarertrag liegt um 8 bis 9 dz spinnfähige Faser.

Ungarischer Hanf ähnelt dem jugoslawischen, mengenmäßig tritt er diesem gegenüber zurück.

Russischer Hanf ist kürzer und dunkler als die genannten Provenienzen, da der kürzere Hanf taugeröstet wird, während in den südlichen Ländern die Wasserröste üblich ist. Seine Spinnfähigkeit ist gut, die Ausspinnbarkeit nicht so hoch wie beim italienischen Hanf.

3. Die Jute (botanischer Name: Corchorus capsularis und corchorus olitorius)

wird hauptsächlich im Stromgebiet des Ganges und Brahmaputra angebaut. Es ist dies das einzige Gebiet, außer dem Amazonasdistrikt in Brasilien, das klimatisch für den Ausbau geeignet ist. Die Aussaat erfolgt im Frühjahr, die Ernte dann etwa 4 Monate später. Die Röste ist fast ausschließlich Wasserröste. Die Trennung von Holz und Faser wird in nassem Zustand vorgenommen, wobei die Faser nach einem Knicken des Holzes abgestreift wird. Die Jute ist also eine „geschleißte" Faser, es entsteht kein Werg. Nach einem Spülen wird die Faser getrocknet. Da jedoch die Stengel bei der Überschwemmung teilweise im Wasser standen, sind die unteren Teile grob und holzig. Sie werden deshalb abgeschnitten und sind unter der Bezeichnung Cuttings im Handel. Der Hektarertrag übertrifft bei der Jute die Erträge bei dem Anbau von Flachs und Hanf. Er liegt zwischen 14 und 17 dz spinnfähige Faser. Aus 100 kg Rohjute werden je nach Reinheit der Faser 90 bis 97 kg Garn gesponnen.

Für den seemäßigen Versand werden Ballen im Standardgewicht von 400 engl. Pfund (181,4 kg) gepreßt, deren Außenmaße einheitlich sind.

4. Die Ramie (botanischer Name: Boehmeria nivea)

Von den Bastfasern ist die Ramie die Faser, die noch am wenigsten verarbeitet wird, trotzdem die Faser ausgezeichnete Eigenschaften hat, unter anderem gute Festigkeit und Widerstandsfähigkeit gegen Feuchtigkeitseinflüsse. Als Textilfaser ist sie in Ostasien seit altersher bekannt. Es werden zwei Arten angebaut, die weiße oder chinesische Nessel, die als Chinagras im Handel ist, und die grüne oder indische Nessel. Die beiden Arten unterscheiden sich äußerlich durch die Färbung der Blattunterseite. Diese ist bei den Blättern der grünen Ramie hellgrün, die weiße Ramie hat an der Blattunterseite kurze silberglänzende Haare, die sie weiß erscheinen läßt.

Die Pflanze ist ausdauernd, aus dem weitverzweigten Wurzelstock wachsen Stengel in einer Länge von 1,0 bis 1,8 m, in Ausnahmefällen bis zu 2,5 m, die an der Ansatzstelle eine Dicke von 5 bis 10 mm (20 mm) haben. Aus einem Wurzelstock wachsen 20 bis 30 Stengel, die zur Reifezeit dicht über dem Boden abgeschnitten werden. Die Ernte kann zwei- bis fünfmal im Jahre erfolgen, je nach dem Klima und Bodenverhältnissen, im Mittel dreimal.

Die Faser wird bis jetzt vorwiegend in Handarbeit abgezogen. Es wurden viele Versuche gemacht, diese Arbeit maschinell auszuführen. Die hierzu entwickelten Maschinen befriedigen aber bis jetzt noch nicht durchweg, so daß sie sich noch nicht überall einführen konnten. Als geeignet hat sich u. a. die zum Entfleischen von Sisal gebaute „Corona"-Entfleischungsmaschine bewährt.

Der Anbau erfolgte früher in China, Indien, Indochina, Indonesien und den Philippinen. Der Anbau wurde auch in Afrika (Algier, Kamerun, Lybien) aufgenommen, in den Vereinigten Staaten von Amerika in Florida, in Brasilien, Argentinien, Cuba und Haiti.

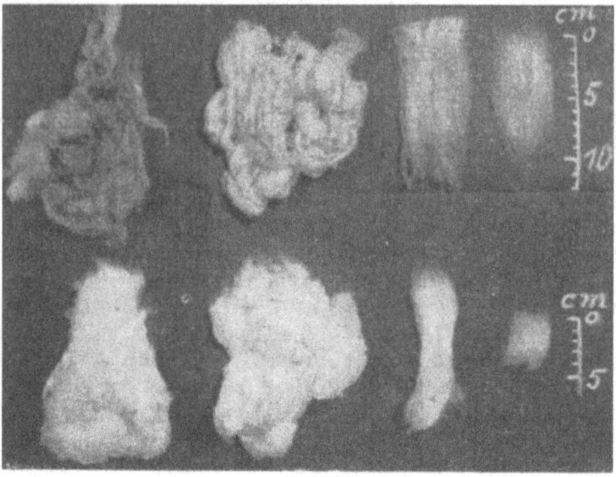

Abb. 3.
Oben (von links nach rechts): Rohwolle — Gewaschene Wolle — Ein Stapel parallelliegender Fasern aus der Rohwolle — Parallelliegende Fasern aus dem Krempelband.
Unten (von links nach rechts): Baumwolle aus dem Ballen — Gelockerte Baumwolle — Krempelband — Parallelliegende Fasern aus dem Krempelband.

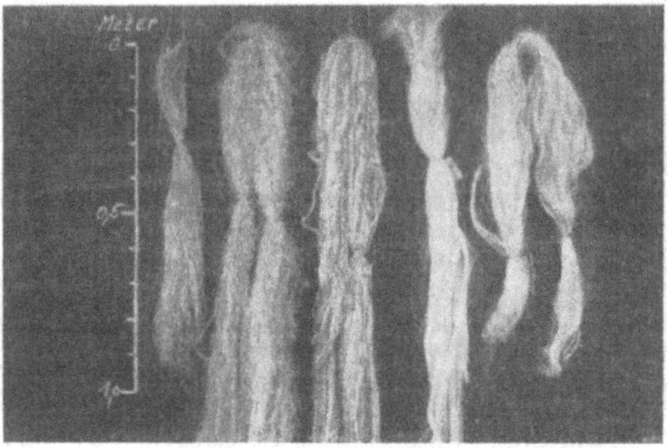

Abb. 4.
Von links nach rechts: Schwingflachs — Schwinghanf — Jute — Sisal — Manila.

Die Ramie ist eine der ertragsreichsten Faserpflanzen, ein Grund. sie neben ihren guten Fasereigenschaften im Anbau zu fördern. Aus 100 kg grünen Stengeln mit Spitzen und Blättern. die ohne Spitzen und Blätter lufttrocken nur noch 10 bis 18 kg wiegen. erhält man 2 bis 7 kg nur entholzte Blattstreifen, 1.5 bis 5.0 kg entrindete und entholzte Fasern und 1,0 bis 3,5 kg entgummierte Ramiefaser.

Die qualitative Einstufung der Ramie im Handel geht nach der Länge und der Farbe sowie Reinheit Beste Qualitäten erreichen Längen von 5 Fuß. also rund 1.5 m.

Die Bastzellen sind im Mittel 60 bis 100 mm lang, also länger als die von Flachs und Hanf sowie auch die Baumwollfaser.

5. Einige sonstige Stengelfasern

Neben den genannten Stengelfasern gibt es noch eine Reihe kleiner Gruppen, die entweder dem Hanf ähnlich sind und mit ihm zusammen oder auch allein auf Hanfverarbeitungsmaschinen versponnen werden können, oder die sich zusammen mit Jute in den Jutespinnereien verarbeiten lassen. Keine dieser Faser hat bisher einen besonderen Spinnereizweig entstehen lassen können. Derartige Fasern. die. manchmal auch nur vorübergehend, eine gewisse Rolle spielen oder in geringen Mengen mit den anderen Fasern verarbeitet werden, sind u. a.:

Indische Seilerfasern, oder Sunn-Faser (Crotolaria juncea). Die Faser ist kürzer als Hanf und nicht so fest wie dieser und wird selten alleine versponnen.

Eine große Bedeutung gewinnen die Ersatzfasern für Jute. Da die Jute nur in einem eng begrenzten Gebiet in Indien angebaut werden kann und ihr Anbau in den anderen indischen Gebieten ebenfalls nicht in Frage kommt, hat sich ihr Anbau früher kaum auf andere Länder ausdehnen können, da die klimatischen Bedingungen für einen ertragreichen Juteanbau außerhalb Indiens schwer anzutreffen sind. Erst in den letzten Jahren wurde der Jutebau im Amazonasgebiet mit Erfolg aufgenommen. Andere Länder suchen deshalb nach einer Juteersatzfaser. Von diesen hat Hibiscus cannabinus bisher die größte Bedeutung gewinnen können.

Die daraus gewonnene Faser ist der Jute an Länge gleich und kann zu Garnen ausgesponnen werden, die Jutegarnen mittlerer Feinheit entspricht.

In Indien wird die Faser als Bimlipatam-Jute oder Mesta bezeichnet. Java-Jute wird von derselben Pflanze auf Java gewonnen. Auch in anderen Ländern wird der Anbau der Pflanze gefördert. Die jetzt allgemein angewendete Benennung ist Kenaf. Die Hektarerträge übertreffen bei Zuchtsorten die der Jute. Neben der Züchtung neuer Sorten werden neue Ausarbeitungsmaschinen entwickelt. Das Bestreben geht dahin, die Faser ohne Röste auszuarbeiten und die Gewinnung bereits auf dem Felde vorzunehmen, um die Transportgewichte zu vermindern.

China-Jute oder Tientsin-Jute ist die Faser, die in China von Abutilon avicennae gewonnen wird. Sie ist lang und hell.

Kongo-Jute ist die am Kongo von Urena lobata gewonnene Faser, welche mit der Jute zusammen verarbeitet werden kann. Brasilianische Jute, oder wie die örtliche Bezeichnung ist, Guaxima roxa oder Aramina wird in Brasilien von derselben Pflanze gewonnen.

III. Die Blattfasern

a) Der Sisal

Von den Blattfasern (Hartfasern) ist die verbreiteste die Sisalfaser. Sie wird von einer der vielen Agavenarten gewonnen. In Mexiko wird die Agave fourcroydes angebaut, deren Faser im Lande Henequen genannt wird.

Die Agave sisalana wird ebenfalls in Mexiko, weiter aber vor allem in Ostafrika, Java, Sumatra und den Philippinen angebaut. Eine feinere Faser liefert die Agave cantala, die auf Java, Sumatra und den Philippinen kultiviert wird.

Die Pflanze ist ausdauernd und liefert im Laufe ihrer Entwicklung etwa 225 Blätter im Gewicht von im Mittel 1 kg mit einem Fasergehalt von 4 v. H. Das Blattfleisch wird ohne Vorbehandlung von der Faser auf Maschinen abgequetscht und abgestreift.

Die Faser ist je nach Herkunftsland und Sorte 60 bis 120 cm lang, hell- bis elfengelb.

b) Die Manila (Abaca)

ist die Faser einer nicht früchtetragenden Bananenart, der Musa textilis. Das Anbauzentrum bilden die Philippinen. Die Pflanze ist ebenfalls ausdauernd. Die Blattscheiden rollen sich zu scheinbaren Stämmen von einer Länge bis zu 6 m zusammen. Nach dem Schneiden und Auseinandernehmen dieser Scheinstämme werden die faserführenden Schichten der Blätter abgetrennt und sodann entfleischt. Bestimmend für den Qualitätsgrad ist die Farbe, die von einem sehr hellen Elfenbein bis zum Dunkelbraun geht. Helle Faser wird feiner ausgearbeitet als dunkle, bei der man nur 1 bis 2 mm breite Streifen (strips) gewinnt. Die Länge der Fasern geht von 1 bis 2,5 m. Sie ist nicht typisch für die Qualitätsgrade.

Verpackt wird die Faser in Ballen von etwa 126 kg. Wirre Faser wird nicht den Spinnereien zugeführt, sondern der Papierfabrikation.

IV. Fruchtfasern

Von den Fruchtfasern hat nur die Kokosfaser, die aus der Umhüllung der Kokosnuß (Coir nucifera) gewonnen wird, Bedeutung gewonnen. Diese Faser hat eine sehr große Dehnung, eine große Widerstandsfähigkeit gegen Nässe wie gegen mechanisches Abscheuern. Aus diesem Grunde ist sie für verschiedene Verwendungszwecke sehr geeignet. Für die mechanische Spinnerei kommt die Faser deshalb nicht in Frage, weil sie im Erzeugungsgebiet von Hand gesponnen wird, so daß sie nur in Form von Garn zur weiteren Verarbeitung zu uns kommt.

V. Die tierischen Fasern

a) Die Schafwolle

Von den tierischen Fasern hat die Schafwolle die größte Bedeutung. Das Tier wird von Hand oder maschinell geschoren, wobei darauf geachtet wird, das gesamte Vlies als Ganzes zu erhalten, das dann vorsichtig zusammengelegt wird, um in diesem Zustand in den Ballen gepreßt zu werden. Das Scheren erfolgt meistens einmal im Jahr als Vollschur, jedoch kommt auch zweimaliges Scheren im Jahr als Halbschur vor. Diese Häufigkeit der Schur beeinflußt auch die Haarlänge. Die erste Schur der Lämmer gibt eine kurze feine Wolle, die Lammwolle.

Die Haarlänge ist von der Rasse abhängig und liegt etwa zwischen 50 und 350 mm. Die Haare zeigen eine Kräuselung, die ein wesentliches Beurteilungsmerkmal für die Qualitätseinstufung bildet.

Die Schafe werden in folgende Rassen eingeteilt:

1. Landschafe: z. B. Heidschnucken, Rhön- und Frankenschaf, die eine feine, gutgekräuselte Wolle liefern, die gleich langes Ober- und Unterhaar hat.
2. englische Glanzwollschafe, die eine lange, leicht wellige Wolle von besonderem Glanz liefern, die sog. Cheviotwolle.
3. Merinoschafe, die eine feine, weiche, geschmeidige und gut gekräuselte Wolle liefern.
4. Kreuzzucht- (crossbred-) Schafe, als Kreuzung zwischen dem Merinoschaf und dem englischen Glanzwollschaf. Die Wolle ist gröber, länger und glänzender als die des Merinoschafes, dem gegenüber auch das Körpergewicht der Tiere zunahm.

Wolle und Haare zeigen gleichen Aufbau. Sie bestehen aus der Oberhaut (Kutikula), der Rindenschicht und der Marksubstanz. Sie sind mit zahlreichen kleinen Schüppchen besetzt, die dachziegelartig übereinanderliegen. Hierdurch entstehen kleine Hohlräume, auf welchen die gute Wärmehaltung der Wolle beruht.

Die Haare stehen auf dem Körper des Tieres nicht vereinzelt, sondern in Büscheln. Meistens hängen mehrere Büschel lose zusammen. Der gesamte Wollpelz nach der Schur wird als das Vlies bezeichnet.

Beurteilungsmerkmale der Wolle sind:

F e i n h e i t, die nach Buchstaben festgelegt wird, AAA (etwa $^{20}/_{1000}$ mm Durchmesser) über AA, A, B bis F (etwa $^{60}/_{1000}$ mm Durchmesser).

A u s g e g l i c h e n h e i t d e s V l i e s e s u n d H a a r e s; denn Ernährungsstörungen und Krankheiten können Wachstumsschwankungen bewirken.

K r ä u s e l u n g, die als flachbogig, normalbogig bis überbogig bezeichnet wird, von denen die Kammgarn-Spinnerei die erstgenannte, die Streichgarn-Spinnerei die anderen bevorzugt.

Dehnbarkeit, die wichtig für die Knitterfestigkeit und Formhaltigkeit von Web- und Wirkwaren ist.

Hygroskopizität, die besonders als Nässeschutz wichtig ist.

Länge: Sie ist von Rasse, Klima, Witterung und Schürhäufigkeit abhängig. Die Kammgarnspinnerei bevorzugt längere, die Streichgarnspinnerei kürzere Wollen.

Herkunft (Provenienz) nach Ursprungsland: Australien, Südafrika, Südamerika, Neuseeland.

Nach der Gewinnung bzw. der Reinheit werden unterschieden:

Schmutz-, auch Schweißwollen genannt; die vom ungewaschenen Schaf geschoren werden. Es ist die Form, in der die Spinner die Wolle bevorzugen.

Rückengewaschene Wolle, von Schafen, die vor der Schur gewaschen wurden.

Gewaschene Wolle, scoureds, die in Übersee nach der Schur gewaschen wurde, wodurch Frachtersparnis erzielt wird.

Hautwollen, von gesunden geschlachteten Tieren.

Futterwollen: mit viel Stroh und Pflanzenteilen durchsetzte Wollen.

Brandwollen: Wolle vom Bauch und Schenkel der Tiere, durch Kot und Urin verdorben, sie bleibt gelb und läßt sich nicht färben.

Gerberwollen, vom Fell nach dem Gerben abgeschabt. Sie ist bruchig, spröde, rauh und für die Weiterverarbeitung nur von geringem Wert.

Sterblingswolle: von verendeten Tieren geschoren.

Man unterscheidet nach der Verarbeitungsmöglichkeit:

Kammwollen, die sich zur Herstellung eines glatten, geschlossenen, festen Fadens, und

Streichwollen, die sich zur Herstellung von Garnen mit moosiger Oberfläche eignen.

b) Haare

Haare sind alle vom Haarkleid anderer Tiere gewonnenen Spinnfasern.

Keine dieser Arten hat die Bedeutung der Wolle erhalten. Sie werden bis auf Angorakaninhaare in der Haargarnspinnerei verarbeitet.

c) Die natürliche Seide

Die natürliche Seide ist neben der Wolle der wichtigste tierische Rohstoff. Sie wird aus den Kokons abgehaspelt, in die sich die Raupen, besonders die des Maulbeerspinners (Bombyx mori), einspinnen. Die Raupe fördert aus zwei nebeneinanderliegenden feinen Öffnungen des Spinnrüssels eine zum Faden erstarrende Substanz zutage, die zum Doppelfaden erhärtet, der in Windungen zum Kokon gelegt wird. Dessen Gesamtfadenlänge beträgt bis 3500 m, von denen man nur einen Teil, etwa 600 bis 700 m im Mittel glatt abhaspeln kann (in den Grenzen von 550 bis 1200 m). Je nach Rasse gehen 1600 bis 3300 Kokons auf 1 kg. 10 bis 12 kg Kokons ergeben 1 kg Rohseide.

Nach dem Abhaspeln, bei dem eine Reihe von Doppelfäden zum fertigen Faden zusammengefaßt werden, ist nach einem anschließenden Drehen das Garn fertig. Die nicht abhaspelbaren Teile der Kokons werden in einem besonderen Spinnverfahren versponnen.

Neben den Kokons des Maulbeerspinners werden auch solche der wilden Seidenspinner verwertet. Diese leben wild und es werden nur die Kokons gesammelt. Bei einigen Arten findet eine Überwachung der Lebensbedingungen der Tiere statt. Die Kokons sind nur bei einigen Tieren abhaspelbar. Die Familien- oder Gesellschaftsspinner verpuppen sich zu mehreren Hundert in einem gemeinsamen Nest. Die Fäden können nur als kurze Stücke Verwendung finden.

VI. Die künstlichen, geschaffenen Faserstoffe oder Chemiefasern.

Neben den natürlichen Fasern haben sich im Laufe der letzten Jahrzehnte die künstlichen oder geschaffenen Faserstoffe weitgehend durchgesetzt. Die Absicht bestand zunächst darin, Stoffe, welche die Natur liefert, durch chemische Einwirkung in eine Lösung zu bringen, die „spinnbar" ist, d. h. die, ähnlich wie bei der Seidenraupe, nach dem Austreten aus feinen Öffnungen, den Spinndüsen, als Faser erstarren. Die ersten Erzeugnisse erhielten den Namen Kunstseide, wegen der Ähnlichkeit des Vorganges bei der Entstehung der natürlichen Seide.

Die verschiedenen Kunstfasern sind:

K u n s t f a s e r n a u f p f l a n z l i c h e r G r u n d l a g e , Z e l l u l o s e f a s e r n. Beim Viskoseverfahren wird eine Spinnlösung dadurch gewonnen, daß Natronlauge und Schwefelkohlenstoff auf Zellstoff wirken.

Beim Kupferoxydammoniak-Verfahren ist meist Baumwolle der Ausgangsstoff, die nach Vorbehandlung durch Reinigen und Mahlen in Kupferoxydammoniak gelöst wird.

Für Baumwolle kommt in erster Linie auch das Azetatverfahren in Frage, bei dem Essigsäure auf die Baumwolle einwirkt. Es wird das in Azetat lösliche Azeton gebildet, das, in Azeton gelöst, versponnen wird.

Das Bilden der Fasern durch Austreten der Spinnlösung aus den Düsen wird das Spinnen genannt. Das Erstarren kann dadurch erreicht werden, daß das Lösungsmittel beim Austreten an der Luft verdunstet. Dieses „Trockenspinnen" wird bei der Herstellung der Azetatseide angewendet. Wurde die Spinnlösung mit nichtflüchigen Mitteln hergestellt, so muß der Faden durch ein Fällbad geleitet werden. Dieses besteht aus einer Erstarrungsflüssigkeit, welche das Lösungsmittel bindet. Dieses „Naß-Spinnen" wird bei Viskose- und Kupferkunstseide angewendet.

Die Spinnflüssigkeit wird durch die Öffnungen der Spinndüse ausgepreßt. Diese Öffnungen haben bei mittlerer Faserfeinheit einen Durchmesser von 0,05 bis 0,1 mm, bei Kupferseide 0,25 bis 0,5 mm, wobei die größere Faserfeinheit dadurch erreicht wird, daß die Fasern nach dem Austreten aus den Düsen noch auf größere Länge ausgezogen werden. Die Düse enthält so viel Löcher, wie Fasern zum Faden vereinigt werden sollen. Der Faden wird, gegebenenfalls nach dem Durchlaufen durch das Fällbad, aufgewickelt. Wenn das auf eine Spule geschieht, wird das Verfahren als „Spulenverfahren" bezeichnet. Die Drehungserteilung erfolgt dann in einem weiteren Arbeitsgang. Wird der Faden jedoch unmittelbar einer Spinnzentrifuge zur Drehungserteilung und Aufwicklung übergeben, so wird das Verfahren als „Zentrifugen-Spinnverfahren" bezeichnet. Derartig hergestellte Fasern mit unbegrenzter Faserlänge werden Kunstseide genannt, für die neuerdings die Bezeichnung Reyon eingeführt wurde.

Die Herstellung von Kunstfasern mit begrenzter Faserlänge, die „Zellwolle" genannt werden, geschieht grundsätzlich nach dem gleichen Verfahren wie bei der Kunstseide. Die Spinndüse hat mehr Löcher bekommen, und zwar bis zu 2000. Die Faserbündel mehrerer Spinnstellen werden auf einem Transportband vereinigt. Dieses endlos weiter gebildete Faserbündel schneidet eine Schneidmaschine in Stücke von gewünschter Länge, die sodann durch die Bäder geführt werden. Das ungeschnittene Band kann auch erst nach Durchlaufen der Bänder geschnitten werden. Das Schneiden erfolgt ähnlich wie bei einer Häckselmaschine, auch ein Zerreißen ist möglich.

Die Schnittlänge und Faserfeinheit kann so geändert werden, daß sich die Fasern nach Länge und Feinheit den verschiedenen natürlichen Faserstoffen anpassen. Außerdem kann die Faser glatt, glänzend oder matt hergestellt werden. Zur Erhöhung der Wärmeisolation kann Lufteinschluß in die Fasern gebracht werden. Ferner ist es möglich, durch Zusatz von Farbstoffen zum Spinnbad die Fasern gefärbt zu bilden. Es sind so eine Reihe von Zellstofftypen auf dem Markt, z. B. ausgesprochene Baumwolltypen zum Verspinnen in Mischung mit Baumwolle oder allein auf den Maschinen der Baumwollspinnerei, oder Wolltypen, die in gleicher Weise in der Wollspinnerei zur Verarbeitung kommen.

Zuerst wurden nur natürliche Stoffe über die Spinnlösung zum Faden umgeformt. Es ist aber gelungen, aus organischen Stoffen eine Spinnlösung durch Synthese herzustellen. Die aus dieser gewonnenen Fasern haben als Erzeugnis keine Verwandtschaft mehr mit den Ausgangsstoffen. Es sind mehrere Verfahren entwickelt: Beim Kondensationsverfahren werden verschiedenartige Moleküle zusammengelagert unter Austritt einer niedermolekularen Verbindung. Nach diesem Verfahren werden u. a. Nylon, Perlon-L, Terylene gewonnen. Beim Polimerisationsverfahren treten gleichartige Moleküle zusammen. Die Pe-Ce-Faser, Vinyon und Orlon gehören hierher. Nach dem Polyadditionsverfahren wird Perlon-U gewonnen. Die Festigkeit der synthetischen Fasern übertrifft die der anderen Kunstfasern und z. T. der natürlichen Fasern. Auch die Dehnung und die Widerstandsfähigkeit gegen Scheuern ist größer als bei den natürlichen Fasern. Dazu kommt weitgehende Unempfindlichkeit gegen chemische Einflüsse. Die Naßfestigkeit, die bei Zellwollen 50 bis 70 v. H. beträgt, ist bei den synthetischen Fasern wesentlich höher und praktisch teilweise gleich der Trockenfestigkeit.

Zweiter Hauptteil

DIE SPINNEREI

A. Grundsätzliches über das Spinnen

Die Spinnereizweige werden zum Teil nach den in ihnen zur Verarbeitung kommenden Faserstoffen benannt. Für diese gibt die Bezeichnung den Faserstoff an, der ursprünglich dort versponnen wurde. Darüber hinaus können aber auch andere, besonders künstliche, Faserstoffe in diesen Zweigen allein oder in Mischung verarbeitet werden. Andere Spinnereizweige werden nach dem Spinnverfahren benannt, wobei mehrere Faserstoffe nach diesem Verfahren versponnen werden können oder dieses einem bestimmten Faserstoff vorbehalten bleiben kann.

Die Aufgabe der Spinnerei ist es, aus den Faserstoffen ein Garn herzustellen. Zur Lösung dieser Aufgabe sind je nach der Faserlänge die Maschinen verschieden. Allen Spinnereizweigen und Spinnverfahren ist jedoch folgendes gemeinsam: nach einer dem betr. Fasergut angepaßten Reinigung und Auflösung der Fasern wird aus diesen zunächst ein Band gebildet. Dieses wird unter Beobachtung der Gleichmäßigkeit, die erhalten und möglichst noch verbessert werden soll, durch Vergrößerung der Länge, das Verziehen, verfeinert. Sobald die Feinheit des endgültigen Garnes erreicht ist, wird der Faden durch Drehung gebildet und gefestigt. Die Höhe der Drehung wird nach den jeweiligen Erfordernissen gewählt. Es gilt beim Übergang von einer losen zu einer festen Drehung zunächst, daß die Festigkeit steigt. Das geht bis zu einem gewissen Punkt höchster Festigkeit. Bei noch stärkerer Drehung sinkt die Festigkeit wieder ab, der Faden ist überdreht. Wenn der Faden im Gebrauch die höchste Festigkeit hergeben soll, wird die entsprechende Drehung gewählt. Zur Erzielung einer besonderen Garncharakteristik erhalten die Gespinste aber oft losere Drehung, wie zum Beispiel bei Handarbeitsgarnen, Schußgarnen oder auch stärkere Drehung zur Erzielung besonderer Effekte. Zwei oder mehr Fäden können noch zum Zwirn zusammengedreht werden. Die Festigkeit wird hierdurch günstig beeinflußt, der Faden gegen Scheuerung widerstandsfähiger. Besondere Effekte lassen sich z. B. dadurch erzielen, daß verschiedenfarbige Fäden, oft unterschiedlicher Feinheit, zusammengedreht werden, wobei auch deren Länge im Zwirn ungleich sein kann. Die Möglichkeiten sind dadurch sehr vielseitig.

B. Die Baumwollspinnerei

Eine angelieferte Baumwollpartie kann gesondert oder mit anderen Partien gemischt verarbeitet werden. Dieses Mischen hat den Zweck, die unterschiedlichen Faserlängen bzw. deren Verteilung in einer Spinnpartie oder auch die Farbe auszugleichen.

I. Mischen

Das Mischen war früher Handarbeit. Sie wurde durch Maschinenarbeit ersetzt. Die Baumwolle kommt zuerst in den Kastenballenbrecher. Auf diesem wird das Fasergut durch ein langes waagrechtes Lattentuch als Transportvorrichtung der Maschine zugeführt. Auf dem Lattentuch werden die zu einer Partie gehörenden Sorten entsprechend ihrem Anteil an der Gesamtpartie aufgelegt. Vom Lattentuch kommt die Baumwolle in den Füllkasten der Maschine, wo die Baumwollklumpen, die sich durch die starke Pressung der Ballen bildeten, durch ein mit Nadeln besetztes Steiglattentuch nach oben genommen werden. Eine Rückstreifwalze befördert die noch nicht aufgelösten Faserklumpen in den Kasten zurück. Nur eine bestimmte Menge aufgelösten Fasergutes geht mit dem Lattentuch mit, die dann durch eine Abstreifwalze auf ein Abführlattentuch abgestreift wird, durch das es der nächsten Maschine zugeführt oder in besondere Mischkammern gebracht wird. Das Fasergut wird im Kasten gemischt und für die Faser schonend aufgelöst.

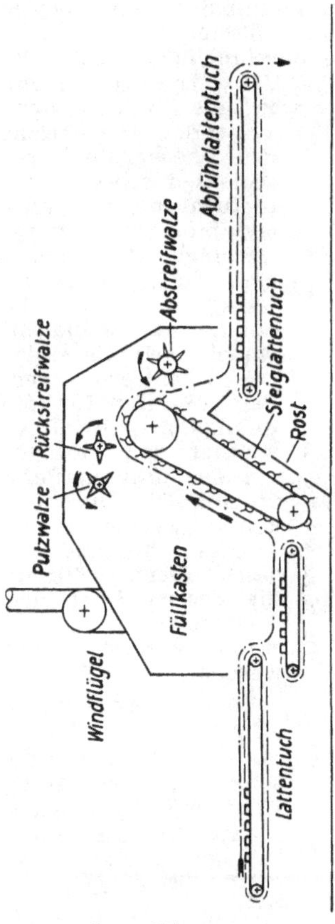

Abb. 5. Kastenballenbrecher.

Die Beförderung der Baumwolle zu den Mischkammern erfolgt mechanisch, und zwar durch Lattentücher oder, da diese Bauart konstruktiv überholt ist, in neueren Anlagen durch Luftbeförderung. Die Vorrichtung arbeitet derart, daß der Abwurf der Baumwolle in die verschiedenen Mischkammern wahlweise möglich ist. Die Füllung der Mischkammern erfolgt in waagrechten Lagen, das Herausnehmen aus ihnen in senkrechten Schichten, wodurch wieder eine gute Durchmischung erzielt wird.

Es ist nicht zweckmäßig, das Fasergut in den Kammern zu hoch zu stapeln, da dabei auf die untersten Lagen ein zu großer Druck ausgeübt wird, der die Faser wieder zusammenballen würde.

II. Auflösen bis zur Flocke und Reinigen

Die nächste Aufgabe besteht darin, die vom Ballenbrecher abgelieferten Fasern, die noch zu großen Klumpen zusammenhängen, weiter aufzulösen und zu öffnen, damit die später angestrebte Auflösung bis zur Einzelfaser vorbereitet wird. Mit diesem Auflockern ist ein Reinigen der Fasern verbunden. Man unterscheidet die mit Schlagtrommeln arbeitenden Öffner und die Schlagmaschinen, die mit Schienenschlägern arbeiten. Sie können mit einem Kastenspeiser zusammengebaut werden, um eine gleichmäßige Zufuhr des Fasergutes zu gewährleisten. Die Voröffner dienen zur Vorauflösung und werden in erster Linie für kurzstapelige, hart gepreßte Baumwolle verwendet. Die Zufuhr des Fasergutes geschieht durch ein Lattentuch und zwei Speisezylinder zur Schlagtrommel. An diesen sind Schlagnasen befestigt, welche die Baumwolle abschlagen, wobei auch Unreinigkeiten entfernt werden. Wichtig für die Reinigung ist der Rost, welcher den Schläger auf der unteren Seite umgibt. Die Unreinigkeiten werden durch diesen hindurchgeschleudert, während die Fasern durch den eintretenden Luftstrom zurückgehalten werden.

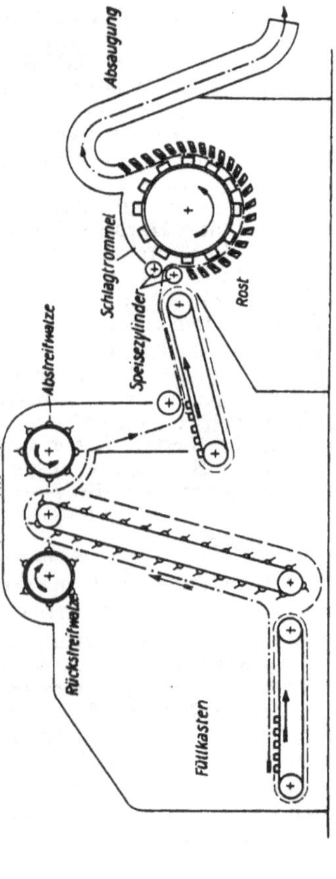

Abb. 6. Kastenspeiser mit Voröffner.

Beim Kegel- oder Crightonöffner ist die Schlagvorrichtung eine senkrecht stehende Welle, die bis acht Scheiben mit Schlagnasen trägt. Der Durchmesser der Scheiben ist dem sie umgebenden Kegelmantel angepaßt, der nach oben größer wird. Die Zufuhr des Fasergutes geschieht unten.

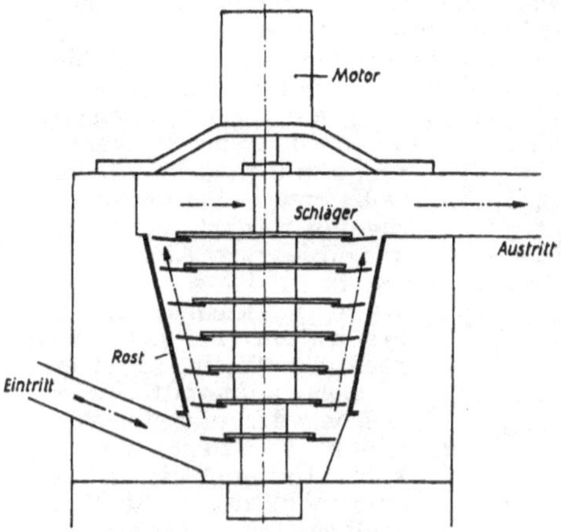

Abb. 7. Kegel-(Crighton-)Öffner.

Die Bearbeitung erfolgt dann freischwebend, die Fasern werden nicht wie bei den Voröffnern während des Schlagens festgehalten. Ehe das Fasergut nicht gut aufgelöst ist, um in dem Öffner aufsteigen zu können, kann es diesen nicht verlassen. Nicht aufgelöste harte Flocken bleiben immer unten. Der kegelförmige Rost ist verstellbar, so daß der Abstand der Schläger vom Rost verändert werden kann.

Die Reinigungswirkung des Saugöffners ist gering, weshalb man ihn nur selten, dann für mittlere Sorten, verwendet. Auf einer waagrecht gelagerten Welle sitzt eine Schlagtrommel. Außen befindet sich ein Windflügel, der die Baumwolle ansaugt und dabei durch den Wirkungsbereich der Schlagtrommel bringt. Scheiben zu beiden Seiten der Schlagtrommel bewirken, daß die Faserklumpen solange im Schlagraum bleiben, bis sie genügend aufgelöst sind. Durch Roste unter der Schlagtrommel und den Windflügeln werden Unreinigkeiten wegbefördert.

Der Trommelöffner wird für langstapelige Baumwolle verwendet. Er besitzt wie der Voröffner eine waagrecht gelagerte, zylindrische, mit Schlagnasen besetzte Trommel.

Die letzte Maschine im Öffner- und Reinigungsprozeß ist die Schlagmaschine. Sie lockert das Fasergut nochmals auf und reinigt dabei auch. Die Schlagvorrichtung ist ein zwei- oder dreiarmiger Schienenschläger. Der Schlagmaschine können Wickel vorgelegt werden, welche auf der vorhergehenden Maschine gebildet wurden. Neuerdings schaltet man die Maschinen hintereinander unter Zwischenschaltung eines Kastenspeisers, um den Arbeitsgang zu vereinfachen. Die an der Schlagmaschine abgelieferte Baumwolle wird Siebtrommeln zugeführt, dort verdichtet und über zwei Abzugswalzen dann die so gebildete Watte zwischen schweren Preßwalzen geführt, wonach die Watte zu einem Wickel aufgerollt wird, welcher der nächsten Maschine vorgelegt werden kann. Um auf die Wickel eine möglichst große Wattenlänge zu bekommen, muß das Aufwickeln unter starkem Druck geschehen. Die einzelnen Wickel erhalten eine bestimmte Länge. Dadurch kann ihr Gewicht ein Maßstab für die Wattendicke abgeben. Bereits auf der Schlagmaschine wird die Grundlage für eine gleichmäßige Garnfeinheit gelegt, und zwar durch möglichst gleichmäßige Wattendicke. Dafür ist folgende Vorrichtung vorhanden:

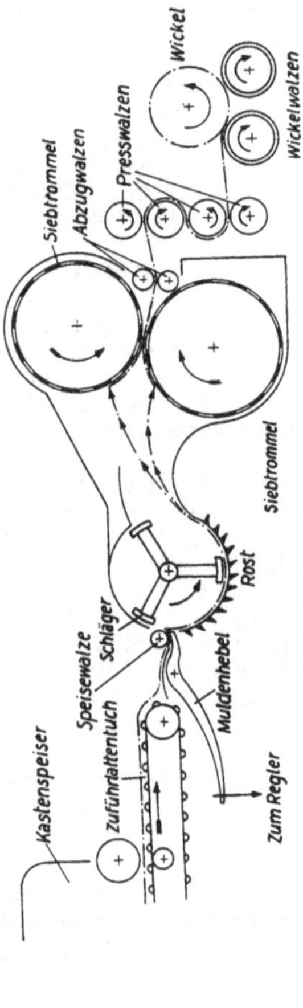

Abb. 8. Schlagmaschine mit Siebtrommeln.

Die der Maschine zugeführte Faserauflage wird auf ihrer ganzen Breite durch 12 bis 20 Muldenhebel, die unter dem Einzugszylinder liegen, abgetastet. Diese drücken gegen die Fasern und werden bei Änderung der Vorlagendicke an ihrer Anlagestelle ausgeschwenkt. Sämtliche Hebelausschläge wirken zusammen auf eine Riemengabel, die einen über zwei kegelige Riemenscheiben laufenden Riemen verschiebt. Die angetriebene kegelige Riemenscheibe treibt den Speisezylinder, dessen Drehzahl auf diese Weise veränderlich gemacht wird. Bei einem Fehlgewicht auch nur an einer Stelle unter einem der Muldenhebel wird der Speisezylinder beschleunigt, bei einem Übergewicht verlangsamt, so daß in beiden Fällen entweder mehr oder weniger Fasermenge als Ausgleich zugeführt wird.

III. Auflösen zur Einzelfaser und Bandbildung

Nach dieser Faserbehandlung kann die Auflösung zur Einzelfaser erfolgen, an die sich unmittelbar die Bandbildung anschließt. Diese beiden erfolgen auf der Krempel. Mit dem Auflösen bis zur Einzelfaser verbunden ist ein Ausscheiden von kurzen Fasern,

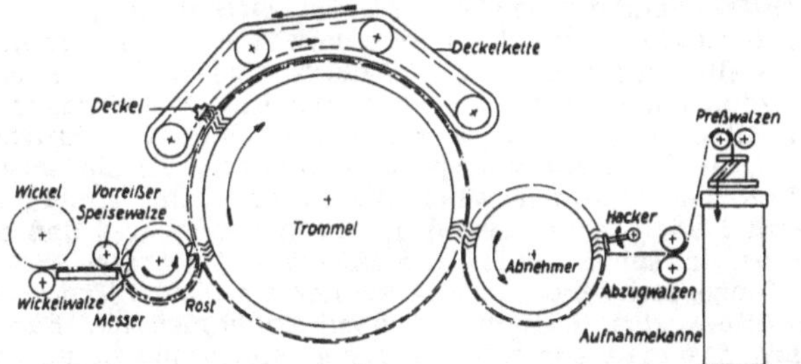

Abb. 9. Deckelkrempel.

bei der Bildung des Bandes beginnt auch das Parallellegen der Fasern. Der auf der Schlagmaschine gebildete Wickel wird durch eine Wickelwalze mit langsamer Geschwindigkeit abgerollt und der geriffelten Speisewalze zugeführt. Von diesen aus gelangt das Fasergut über eine Mulde zu dem Vorreißer, einer mit Sägezahnbeschlag versehenen Walze, deren Umfangsgeschwindigkeit größer als die Zufuhrgeschwindigkeit ist. Dort erfolgt eine Vorauflösung der Fasern, wonach diese der Trommel weitergegeben werden. Durch diese Vorauflösung wird auch eine Reinigung erzielt, wofür Abstreichmesser und ein unter der Walze liegender Rost dienen.

Die voraufgelöste Faser wird dann von der Trommel, deren Umfangsgeschwindigkeit größer ist als die des Vorreißers, übernommen. Hier findet das eigentliche Krempeln oder Kardieren, wie es auch genannt wird, statt. Die Häkchen des Trommelbelages haben Knieform. Kurze Fasern wandern in den Belag, um später als Abgang ausgeschieden zu werden.

Die eigentliche Kardierarbeit erfolgt durch das Zusammenwirken des Trommelbelages mit dem der Deckel, welche die Trommeloberfläche teilweise umgeben und in Bewegungsrichtung des Trommelbelages langsam vorwärts wandern. Die Deckel bilden eine endlose Kette, deren einer Teil stets zurückwandert. Nach dem Abheben der Deckel von der Trommel werden diese zuerst gereinigt, wandern zurück, um von neuem aufgesetzt zu werden. Die Maschine heißt wegen dieser vorwärtswandernden Deckel auch Deckelkrempel oder Wanderdeckelkrempel. Eine andere Krempelart arbeitet an Stelle der Deckel mit Walzen und wird deshalb Walzenkrempel genannt. Sie findet in der Kammgarn-, der Streichgarn- und der Bastfaserspinnerei Anwendung, in der Baumwollspinnerei findet man sie selten.

Von der Trommel gehen die Fasern zum Abnehmer, deren Nadeln so zu denen der Trommel stehen, daß die Fasern in seinen Belag hineingekämmt werden. Seine Umfangsgeschwindigkeit ist kleiner als die der Trommel. Es bildet sich deshalb auf dem Abnehmer ein Faservlies, das man zusammenhängend abnehmen kann. Das geschieht durch den Hacker, einen hin- und herschwingenden Kamm. Das abgezogene Vlies wird zu einem Trichter geführt und nach der Vor- und in diesem stattfindenden Verdichtung durch ein Abzugswalzenpaar abgezogen. Das Band wird dann hochgeführt, um in Kannen von ausreichender Höhe abgelegt zu werden.

IV. Das Kämmen

Ein Teil ganz kurzer Fasern wurde durch die auf der Krempel stattfindende Reinigung ausgeschieden. Es ist für manche Garne, besonders solche hoher Feinheit, zweckmäßig, noch weitere Fasern unterhalb einer bestimmten Länge auszuscheiden. Das geschieht durch das Kämmen auf der Kämm-Maschine. Damit verbunden ist eine Vervollkommnung der beim Bandbilden begonnenen Parallellegung der Faser.

Das Prinzip des Kämmens besteht darin, daß von einem Faserbart, der in der Mitte gehalten wird, zuerst das vordere Ende durchgekämmt wird, wonach der ganze Bart durch einen Kamm, der vor der Haltestelle einsticht, in Richtung der ersten Kämmung durchgezogen wird, nachdem die Haltevorrichtung des Faserbart freigab. Die Kämm-Maschine hat der Kämmerei in der Wollverarbeitung und der Kammgarnspinnerei ihren Namen gegeben. Ihre Besprechung wird deshalb im Abschnitt „Wollkämmerei" (Seite 75) erfolgen, da sie dort stets in den Arbeitsgang eingeschaltet wird.

In der Baumwollspinnerei wird die Kämm-Maschine mit Wickeln gespeist. Da die Krempel Bänder abliefert, müssen aus diesen zuerst Wickel gebildet werden. Das geschieht folgendermaßen:

Ein Bandwickler wickelt bis zu 20 Krempelbänder nebeneinander nach einem geringen Verzug derselben auf einem Streckwerk auf eine Holzwalze als breites Band auf. Sechs dieser Wickel werden sodann auf der Wickelstrecke nebeneinander nochmals verzogen. Die Faservliese werden über Leitbleche übereinander gelegt, durch Preßwalzen verdichtet und wie beim Bandwickler auf eine Holzwalze aufgewickelt. Die Wickel, in denen die Parallellage der Fasern durch das Verziehen gefördert wurde, und die gegenüber dem Krempelband durch das Doppeln gleichmäßiger geworden sind, werden der Kämm-Maschine vorgelegt.

V. Das Strecken

Die Bänder der Krempel oder der Kämm-Maschine müssen noch unter Beobachtung der Vergleichmäßigung verfeinert werden. Das geschieht auf den Strecken. Bei den ungekämmten Krempelbändern wird auf den Strecken auch noch die Parallellage der Fasern in den Bändern verbessert, die in der Baumwollspinnerei zur Erzielung eines geschlossenen glatten Fadens erforderlich ist. In den von der Kämm-Maschine abgelieferten

Bändern ist die Parallellage der Fasern sehr gut, die Gleichmäßigkeit des Bandes ist jedoch durch die Eigenart seiner Bildung auf Kämm-Maschine nicht mehr in wünschenswerter Weise vorhanden. Es ist dann die Aufgabe der Strecken, die Gleichmäßigkeit wiederherzustellen.

Auf den Strecken wird das Band verzogen. Das geschieht dadurch, daß man mehrere Zylinder hintereinander anordnet, deren Umfangsgeschwindigkeit die Fasern durch Anpressen mittels Druckwalzen annehmen. Da die Umfangsgeschwindigkeit der hintereinanderliegenden Zylinder stufenweise größer wird, werden die Fasern also in jedes Streckfeld zwischen 2 Zylindern langsamer eingeliefert als abgeliefert.

Das Band wird dadurch länger und dünner, das heißt, ein Bandstück von derselben Länge wird leichter. Damit der Verzug auch ausgeübt werden kann, muß die Ent-

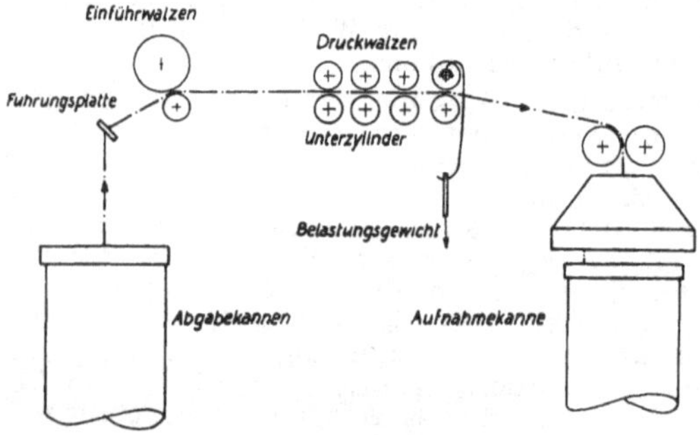

Abb. 10. Baumwollstrecke.

fernung der benachbarten Druckstellen (Klemmstellen, Klemmpunkte, Klemmlinien) der Walzen, in denen das Band gehalten wird, größer sein als die Faserlänge, da sonst die Fasern nicht gegeneinander verzogen, sondern zerrissen würden.

Die Bänder, die auf einer Strecke gebildet werden, werden der nächsten Strecke vorgelegt. Hier werden wieder mehrere Bänder eingeführt und gemeinsam verzogen. Ist die Größe des Verzuges gleich der Zahl der gemeinsam verzogenen Bänder, so ist das abgelieferte Band gleich schwer wie das eingelieferte. Die Verzugsarbeit ist auch in diesem Falle nicht nutzlos, obwohl keine Bandverfeinerung eintrat. Durch das Zusammenführen mehrerer Bänder zum gemeinsamen Verzug, das Doppeln oder Doublieren genannt wird, wird das abgelieferte Band gleichmäßiger. Ungleichheiten in einem Band wirken sich im Verband mit den anderen Bändern weniger aus, wenn nicht sogar ein Ausgleich in den Bandstärken nebeneinander eingelieferter Bänder zustande kommt.

Die Streckenbänder können noch nicht zur Spinnmaschine gegeben werden, sie müssen vorher noch weiter verfeinert werden, was auf den F l y e r n geschieht, auf denen die immer feiner werdenden Bändchen nach dem Verziehen gedreht werden, weshalb der Flyer auch als Vorspinnmaschine bezeichnet wird, da er wie eine Spinnmaschine arbeitet und im Arbeitsgang vor diese eingeschaltet wird. Die auf einem Flyer erteilte Drehung wird allerdings auf den nächsten bzw. die auf dem letzten Flyer erteilte auf der Spinnmaschine wieder aufgelöst, sie hat die Aufgabe, die Bändchen zu festigen, sie transportfähig zu machen, nicht um die Spinnmaschine in der Drehungserteilung zu unterstützen. Der Transport von einem Flyer zum anderen oder zur Spinnmaschine geschieht auf Spulen.

Der Flyer arbeitet im ununterbrochenen Spinnverfahren. Es wird dauernd Band zugeführt und verzogen, um sodann der Spindel zur Drehungserteilung zugeliefert zu werden, wobei das Aufwinden auf die Spule gleichzeitig mit dem Drehen erfolgt.

Durch den Spinnflügel, der sich stets mit gleicher Drehzahl dreht, wird die Drehung in das Band gegeben, jede Flügeldrehung gibt eine Drehung im Band. Das gedrehte Band wird von einer Spule aufgenommen, welche im Inneren des Flügels auf dessen Achse sitzt, eigenen Antrieb erhält und sich in dem selben Drehsinn wie der Flügel dreht. Um den Faden auf ihr aufzuspulen, gibt es für die Höhe ihrer Drehzahl zwei Möglichkeiten:

Die Spule kann sich langsamer als der Flügel drehen, dann wird das gedrehte Band durch den Flügel um die

Spule herumgelegt, es werden so viel Windungen auf die Spule gebracht, so oft sie gegenüber dem Flügel zurückbleibt bzw. nacheilt. Es ist dies das Prinzip der nacheilenden Spule (manchmal auch, aber weniger oft angewandt, voreilende Spindel genannt). Die Spule kann sich aber auch schneller als der Flügel drehen, dann wird das gedrehte Band durch die Spule aus der Flügelöse gezogen und aufgewickelt. Hier werden so viel Windungen auf die Spule gelegt, so oft die Spule gegenüber dem Flügel voreilt. Es ist dies das Prinzip der voreilenden Spule (manchmal auch nacheilende Spindel genannt).

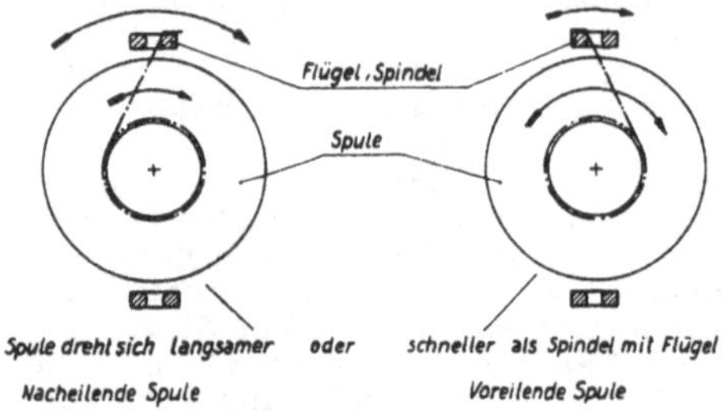

Abb. 11. Nach- und voreilende Spule.

Andere Möglichkeiten der Drehung von Spule und Flügel zueinander als die beiden angegebenen scheiden praktisch aus, wie die, daß beide sich gleichschnell drehen, wobei nur gedreht und nicht aufgewunden würde, oder sei es die Möglichkeit, daß Spule und Flügel sich entgegengesetzt drehen. In diesem Falle würde die Drehung im Verhältnis zur erzielten Aufwindung viel zu gering sein. Auch die Möglichkeit, daß sich die Spule stets gleich schnell dreht, während zur Erzielung einer exakten Aufwindung die Drehzahl des Flügels und mit diesem zugleich die Liefergeschwindigkeit des Streckwerks geändert wird, scheidet konstruktiv aus.

Die Baumwollspinnerei verwendet allgemein die voreilende Spule.

Neben der Drehung muß die Spule auch eine Bewegung in Richtung der Achse ausführen, damit sich Windung an Windung legt. Nach dem Aufbringen einer Schicht von Windungen wird die nächste Schicht auf einen größeren Durchmesser aufgebracht. Hierbei ändert sich die Spulendrehzahl. Auch die Hub- und Senkgeschwindigkeit der Spulenbank muß sich bei dem größeren Durchmesser ändern, und zwar muß sie in jedem Falle langsamer werden. Da eine Windung eine größere Fadenlänge aufnimmt, wird zu ihrem Aufbringen eine längere Zeit benötigt.

Der Hub wird beim Baumwollflyer von Schicht zu Schicht kleiner. Dadurch wird die Spule in der Mitte zylindrisch und an den Enden konisch, wodurch sich der Garnkörper selbst hält. Deshalb können an den Spulen die Bordscheiben wegfallen.

Die Spulen des ersten Flyers werden auf dem zweiten Flyer aufgesteckt. Es werden mehrere Lunten zusammengeführt und gemeinsam verzogen, um dann in gleicher Weise wie beim ersten Flyer gedreht und aufgewickelt zu werden. Entsprechend dem feiner werdenden Band wird die Spulengröße kleiner. Es kann so Vorflyer, Mittelflyer und Feinflyer hintereinandergeschaltet werden, früher wurden sogar bis 4 Flyer verwendet. Ihre Zahl wird jedoch heute soweit wie möglich verringert. Hiermit einher geht die Ausrüstung der Flyer und Feinspinnmaschinen mit Hochverzugsstreckwerken, so daß einerseits die Luntenfeinheit schneller verringert wird und der Feinspinnmaschine eine dickere Lunte vorgelegt werden kann.

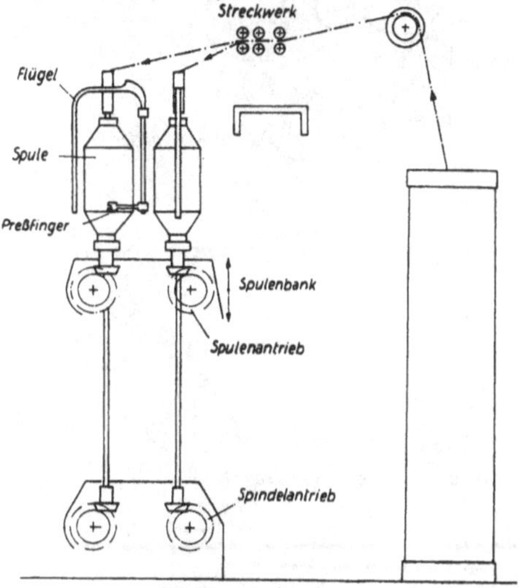

Abb. 12. Flyer.

VI. Das Feinspinnen

Vorwiegend wird heute die Ringspinnmaschine verwendet. Sie arbeitet wie der Flyer nach einem ununterbrochenen Spinnprozeß. Es wird hier die auf der Spindel festsitzende Spule angetrieben, der zur Aufwindung kommende Faden schleppt den Läufer auf einer kreisrunden Schiene, dem Ring, im Kreis herum. Der Läufer entspricht der Flügelöse und ist sozusagen vom Flügel übriggeblieben. Jeder Umlauf des Läufers

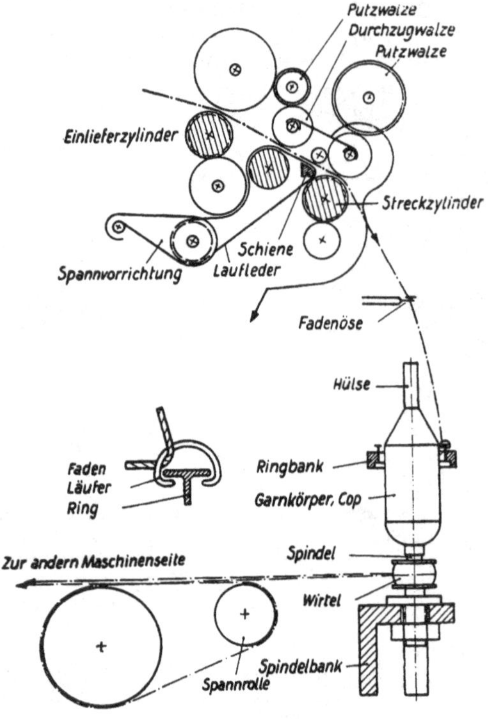

Abb. 13. Ringspinnmaschine.

auf dem Ring erteilt dem Faden eine Drehung. Entsprechend der Zulieferung des Garnes durch das Streckwerk bleibt er in seiner Umlaufzahl hinter der Drehzahl der Spindel mehr oder weniger zurück, wodurch die Aufwindung nach Art des nacheilenden Flügels erfolgt. Die Ringbank bewegt sich auf- und abwärts und windet den Faden kegelförmig auf die Spitze des Garnkörpers. Neben dieser Bewegung wird die Ringbank fortlaufend gehoben, so daß der Garnkörper in der Mitte zylindrisch wird.

Der wichtigste Teil der Spinnmaschine ist das Streckwerk. Es fehlt hier die an der Strecke und den Flyern durch die Dopplung, das Zusammenführen mehrerer Bänder zum gemeinsamen Verzug, gegebene Sicherung hinsichtlich der Gleichmäßigkeit; der Verzug muß also sehr gleichmäßig gegeben werden. Man kann doppeltes Vorgarn aufstecken, doch vermeidet man das aus Gründen der Unkostenersparnis, denn man benötigt dabei ein feines Vorgarn, das in der Herstellung teurer ist.

Das an den Strecken beschriebene Streckwerk ist ein Klemmstreckwerk, das heißt, es hatte hintereinander mehrere Verzugszonen. Die neuzeitlichen Streckwerke an der Spinnmaschine sind Durchzugsstreckwerke, bei denen der Grundgedanke darin liegt, daß die Oberwalze nur so schwer gemacht wird, daß keine Klemmung eintritt, sondern die Fasern nur geführt werden. Zwischen Eintrittszylinder und Streckzylinder befinden sich also nur Durchzugsstellen für die Fasern. Die Faserführung kann durch Verwendung von Lederriemchen verbessert werden, wobei ein Unterriemchen mit Druckwalzen oder einem Oberriemchen zusammenarbeitet. Die Streckwerke werden für immer höhere Verzüge als Hoch- und Höchstverzugsstreckwerke entwickelt. Zur Erzielung eines Hochverzuges werden mehrere Verzugszonen unmittelbar hintereinandergeschaltet, zwischen denen ein Verdichter für das Band liegen kann. Die Verzüge aufeinanderfolgender Verzugszonen multiplizieren sich. Während die üblichen Streckwerke eine gradlinige Verzugslinie für die Fasern haben, ist auch die gekrümmte Verzugslinie durch Umführen um eine Walze bei den Hochverzugsstreckwerken zur Ausführung gekommen. Die große Umschlingung des Faserbändchens um diese Walze soll die Faserführung verbessern.

Der Selfaktor oder Wagenspinner arbeitet nicht im ununterbrochenen Spinnverfahren, sondern verwendet ein unterbrochenes, absatzweises, intermittie-

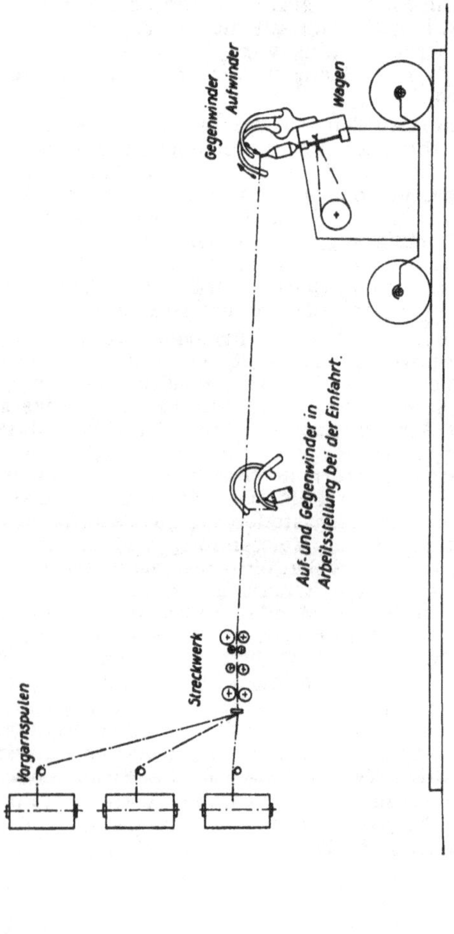

Abb. 14. Arbeitsprinzip des Selfaktors.

rendes Spinnverfahren. Dieses wurde aus dem alten Arbeitsprinzip der Handspindel entwickelt. Nach dem jeweiligen Spinnen einer bestimmten Fadenlänge wird der Spinnvorgang unterbrochen, damit diese Fadenlänge zuerst auf dem Garnkörper aufgewunden werden kann. Dann erst setzt der Spinnvorgang wieder ein.

Die Hauptteile des Selfaktors sind:

Das waagrecht liegende 5-Zylinder-S t r e c k w e r k,

der f a h r b a r e W a g e n, auf dem die Spindeln gelagert sind,

die A u f w i n d e o r g a n e, die den Auf- und Gegenwinder steuern, und

der H a u p t a n t r i e b s b o c k in der Mitte der Maschine, der Headstock.

Die einzelnen Arbeitsperioden sind folgende:

1. Von dem waagrecht liegenden 5-Zylinder-Streckwerk wird Vorgarn zu der gewünschten Feinheit verzogen, das den auf den Wagen gelagerten Spindeln zur Drehungserteilung zugeliefert wird. Jede Spindeldrehung gibt durch die Schrägstellung der Spindel von etwa 16° gegen die Senkrechte bei der waagrechten Lage der Fäden eine Drehung in den Faden. Die Windung, die sich bei jeder Drehung der Spindel aufwinden will, rutscht über die Spindelspitze ab und bewirkt dabei eine Drehung im Faden. Da diese Drehungserteilung ohne weitere Hilfsmittel geschieht, hat die Maschine den Namen Selbst-Spinner = Selfaktor, erhalten. Die durch die Spindel eingeleitete Drehung kann, da das Streckwerk waagrecht liegt, bis an die Klemmstelle vordringen und dadurch das Garn sofort festigen. Da die Ausfahrtgeschwindigkeit des Wagens gleich der Liefergeschwindigkeit des Streckwerkes ist, bekommt der Faden keinerlei Spannung, weshalb man auf dem Selfaktor sehr lose gedrehte Garne, die nur wenig Halt haben, oder auch feinste Garne spinnen kann.

Es ist möglich, nach der Ausfahrt des Wagens und Stillsetzen des Streckwerkes noch weitere Drehung in den Faden zu geben, indem man die Spindeln sich noch so lange drehen läßt, bis die Fäden volle Drehung haben.

2. Es erfolgt jetzt das Rückwinden der Spindeln mit dem sogenannten Abschlagen. Die Spindeln machen

einige Rückwärtsdrehungen, damit die Fadenwindungen von der Spindelspitze bis zur Oberkante des Garnkörpers abgewickelt werden. Zwei Drähte, die vorher ohne Berührung mit den Fäden waren, legen sich über und unter das Fadenfeld. Von oben kommt der Aufwinder, von unten der Gegenwinder, dessen Aufgabe darin besteht, die Fäden leicht gespannt zu halten.

3. Es erfolgt jetzt die Wageneinfahrt mit dem Aufwinden des gesponnenen Fadens. Der Wagen fährt zum Streckwerk zurück, wobei die Spindeln sich langsam in der Spinnrichtung drehen. Der Aufwinder bewegt sich bis zum größten Durchmesser des Garnkörpers, dort wo dieser zylindrisch ist, und wieder bis an die Spitze, so die vorher gesponnene Fadenlänge in Kreuzwicklung zur Aufwindung bringend. Die Höhenlage, innerhalb deren sich der Aufwinder bewegt, wird entsprechend dem voller werdenden Garnkörper laufend verstellt.

Am Ende der Einfahrt des Wagens gehen Auf- und Gegenwinder wieder in die Bereitschaftsstellung, wobei sich durch die freiwerdende Fadenlänge wieder auf der Spindel einige Garnwindungen bilden. Die Spindel geht auf volle Drehzahl, das Stellwerk fängt an zu liefern und der Spinnvorgang beginnt mit dem Wiederausfahren des Wagens von neuem.

Nur die Periode der Wagenausfahrt ist produktiv, das Abschlagen und Einfahren sind notwendige, jedoch unproduktive Arbeitsgänge.

Die Spindelteilung, das ist die Entfernung von Spindelmitte zu Spindelmitte, richtet sich nach der Garnfeinheit, die auf der Maschine gesponnen werden soll. Je feiner das Garn, desto kleiner wählt man die Spindelteilung, da feinere Garne auf kleinere Garnkörper aufgewunden werden als grobe.

Zur Steuerung der verschiedenen Arbeitsphasen sind komplizierte Steuerorgane erforderlich, die den Aufbau der Maschine wesentlich verwickelter machen, als es die im Aufbau einfache Ringspinnmaschine ist.

Während der Selfaktor früher in starkem Maße verwendet wurde, ist seine Verwendung immer mehr zurückgegangen, da die Ringspinnmaschine so fortentwickelt wurde, daß sie imstande ist, die Garne zu spinnen, die früher dem Selfaktor vorbehalten waren.

Die Flügelspinnmaschine findet man in der Baumwollspinnerei nur noch wenig. Sie ist die für die Bastfaserspinnerei typische Spindel, weshalb sie dort besprochen wird (siehe Seite 52 unter Trockenspinnen).

VII. Nach-Arbeiten

Die auf der Spinnmaschine hergestellten Garne erfahren noch, je nach ihrer weiteren Verwendung, Nacharbeiten. Scharf gedrehte Garne haben das Bestreben zum Aufdrehen. Um ihnen dieses zu nehmen, kann man das Garn dämpfen. Es wird hierzu in einen Kessel gebracht, in dem es 10 bis 15 Min. unter Dampf von 0,5 bis 0,8 atü (Überdruck in Atmosphären gegen den atmosphärischen Druck) gesetzt wird.

Durch Abhaspeln lassen sich die Garne in Strangform bringen. Mehrere Strähne bilden eine Docke, von denen ein von der Garnfeinheit bestimmte Anzahl in einer Garnpresse unter Druck verschnürt wird. Beim Transport von Garnen in Strängen werden die Hülsen nicht mitbefördert, so daß auch deren Rücktransport entfällt. Vor einer Weiterverarbeitung beim Verbaucher ist jedoch eine Umarbeitung erforderlich.

Eine andere Art der Umarbeitung in der Spinnerei ist das Umspulen der Garne auf Kreuzspulen, das sich immer mehr durchsetzt. Diese haben verschiedene Vorteile: Das Umspulen selbst stellt eine Qualitätsverbesserung dar, dicke Stellen usw. werden durch Fadenreiniger entfernt, dünne Stellen reißen und werden ausgeknotet. Die Weberei bekommt größere Garnmengen auf einen Garnkörper, die sie ohne Umarbeitung an ihren Vorbereitungsmaschinen aufstecken kann.

VIII. Zellwollspinnerei

Die Verarbeitung der Zellwolle lehnt sich, da ihre Länge beliebig geändert werden kann, an die Verarbeitung der Faserstoffe an, mit denen sie gleiche Länge hat. Es sind nicht die ganzen Maschinenzusammenstellungen erforderlich, wie bei der Verarbeitung von Naturfasern, da vor allem alle Reinigungsprozesse wegfallen, weil die Zellwolle praktisch keinerlei Unreinigkeiten enthält. Es bleibt nur die Auflockerung der in Ballen gepreßten Fasern übrig. Auch diese Arbeit ist nicht in dem Maße durchzuführen wie bei der Baumwolle, da die Pressung nicht so stark war wie bei dieser und die Zusammenballung der Fasern infolge der anderen Faserstruktur und Zusammensetzung nicht so intensiv ist. Die Zahl der Vorbereitungsmaschinen kann deshalb verringert werden, wobei darüber hinaus auch eine Anpassung der Maschinen an die Eigenheiten der Faser erfolgt. Zwei hintereinandergeschaltete Kastenspeiser fördern das Fasergut zu einer Schlagmaschine, die mit dem Kürschnerflügel ausgerüstet ist, dessen Schläger mit Nadeln besetzt sind. Ein Ballenbrecher ist nicht nötig.

Von der Karde an ist der Arbeitsgang der gleiche wie bei der Baumwolle. Die Verarbeitungsmerkmale, wie Drehung, Verzugshöhe, werden den Erfordernissen bzw. Möglichkeiten der Faser angepaßt.

C. Die Bastfaserspinnerei

Die Bastfaserspinnerei, in der die Stengel- und Blattfasern versponnen werden, weist gegenüber der Baumwollspinnerei, obwohl die grundsätzlichen Merkmale: Bandbilden, Verfeinern unter Beobachtung der Vergleichsmäßigung und Spinnen auch dort vorhanden sind, durch die Anpassung an die Eigenheiten der Fasern, wesentliche Unterschiede auf. Selbst zwischen den verschiedenen Bastfasern: Flachs, Hanf, Jute und Sisal bzw. Manila bestehen solche Unterschiede, daß durch eine maschinelle Anpassung vor allem an die Faserlänge sich innerhalb des gesamten Spinnereizweiges Gruppen zur Verarbeitung dieser Fasern gebildet haben, bei denen es nicht, bzw. teilweise nur bedingt möglich ist, die eine Faser auf Maschinen der anderen Gruppe zu verarbeiten.

I. Die Flachsspinnerei

a) Das Hecheln

Bei den als Langfasern gewonnenen Stengelfasern ist bei Verarbeitung zu feinem Garn eine Veredelungsstufe erforderlich, die nur den Stengelfasern eigen ist, das H e c h e l n. Die beim Schwingen gewonnenen Fasern sind Faserbündel, die aus einer Reihe von Einzelfasern bestehen, im Gegensatz zu der Baumwollfaser, die eine einzige Zelle darstellt. Der Bearbeitungszustand, in dem die technischen Fasern nach dem Ausarbeiten durch das Schwingen gewonnen werden, ist noch nicht der endgültige. Man kann sie durch Nadelarbeit, bei der Nadeln in die Bastbündel einstechen, um dann in der Faserrichtung durch sie hindurchbewegt zu werden, noch weiter verfeinern. Dieses Hecheln bewirkt eine Aufteilung bis zu dem Grad, der bei der vorliegenden Faser möglich ist. Damit verbunden ist ein Ausscheiden von

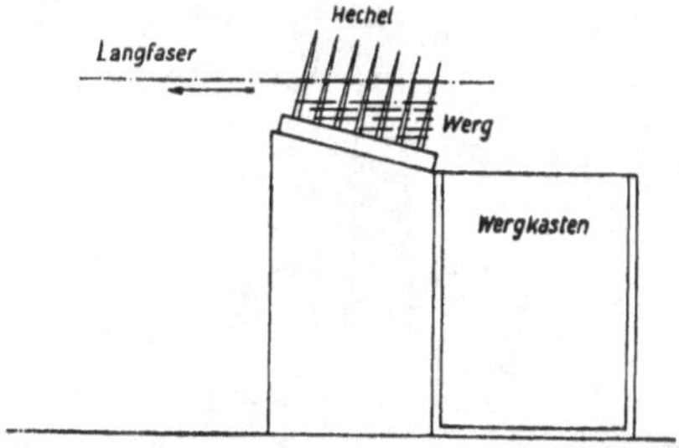

Abb. 15. Handhechel.

kurzen, bei dieser Bearbeitung sich absplitternden Fasern, die als wirre Fasern in Form von Hechelwerg anfallen, sowie ein Entfernen von Unreinigkeiten und Schäben, die noch vorhanden sind.

Das Hecheln kann von Hand ausgeführt werden, eine Arbeitsweise, welche auch heute noch vielfach ausgeübt wird, besonders in den Erzeugungsländern für Hanf, und zwar für solche Hanfsorten, die zu groben Garnen verarbeitet werden sollen. In den Spinnereien indessen bedient man sich zum Hecheln der H e c h e l m a s c h i n e.

Während beim Handhecheln das Fasergut, in Handvolle abgeteilt, über die Hecheln gezogen wird, bewegen sich in der Hechelmaschine benadelte Hechelleisten

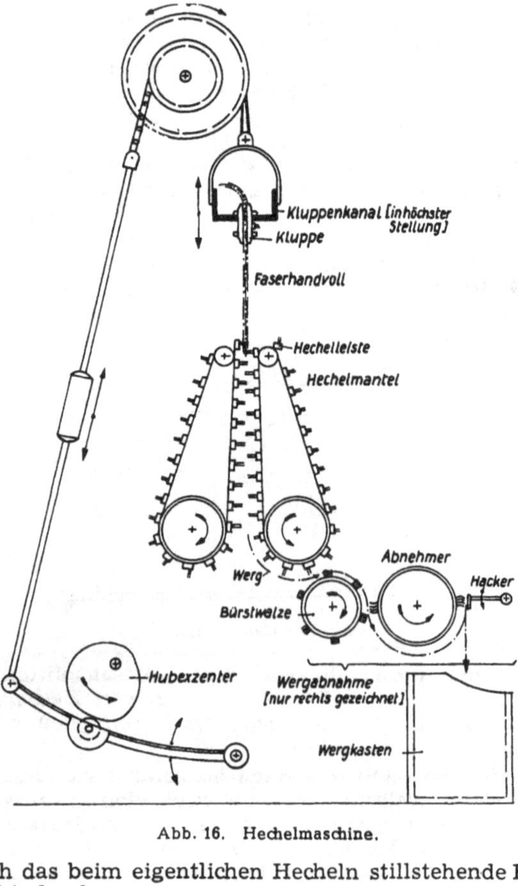

Abb. 16. Hechelmaschine.

durch das beim eigentlichen Hecheln stillstehende Fasergut hindurch.

Es greifen zwei Hechelsysteme von beiden Seiten in die Faserlage ein, welche die Handvolle jeweils bis zur Mitte durcharbeiten.

Es werden Faserhandvolle gebildet, von denen je zwei in eine aus zwei Stahlplatten bestehende Klammer, die sogenannte Kluppe, eingespannt werden. Diese Kluppen werden in den Kluppenkanal geschoben, der sich auf- und abwärts bewegt. Beim Abwärtsbewegen kommen die Fasern zwischen die Hechelmäntel zur Bearbeitung, um nach kurzer Zeit wieder gehoben zu werden. In der höchsten Stellung des Kanals werden die Kluppen weitergeschoben, wobei die Faser jeweils zur nächsten Bearbeitungsstufe kommt, die dichter benadelt ist, so daß die Hechelarbeit von einer Hechelstelle zur anderen fortschreitet. Die letzte Kluppe verläßt die Hechelmäntel, wenn vorne eine neue eingeschoben wird. Es erfolgt dann weiteres Senken usf.

Die Faser wird so viel Teilarbeitsgänge gehechelt, wie Hechelstellen vorhanden sind. Die Nadeldichte für ein fein auszuspinnendes Fasergut muß an der letzten Stelle dichter sein als für ein nur grob auszuspinnendes Fasergut. Je feiner die letzte Hechelstelle benadelt ist, desto mehr Hechelstellen sind vorhanden. Nach dem Hecheln der einen Faserhälfte erfolgt ein Umspannen der Faser derart, daß nun an der bereits gehechelten Stelle eingespannt wird, so daß alle noch nicht bearbeiteten Faserstücke bearbeitet werden können. Das geschieht in der gleichen Weise, wie oben beschrieben, in einem gleichgebauten, parallelliegenden Maschinenteil, in dem die Durchlaufrichtung entgegengesetzt wie im ersten Teil ist. Das Festschrauben der Handvolle, das Weiterschieben, das Überführen in die erste Bearbeitung, das Überführen in die zweite Maschinenhälfte unter Umspannen der Fasern und am Schluß das Aufschrauben der Kluppen, damit der Arbeiter die gehechelte Faser herausnehmen kann, geschieht mechanisch, so daß die Handarbeit darin besteht, daß man das Fasergut in die mechanisch geöffneten Kluppen einlegt, aus denen man es dann wieder nach der Bearbeitung herausnehmen kann. In einer Minute werden etwa $7^1/_2$ Handvolle in die Maschine zur Bearbeitung gegeben.

Die der Maschine entnommene Faser ist die Hechelfaser, die zur weiteren Verspinnung gegeben werden kann. Das entstehende Hechelwerg wird wie das Schwingwerg verarbeitet.

b) Die Flachslangfaserspinnerei

In der Flachsspinnerei wird der Schwingflachs, in Handvolle von 75 bis 120 g Gewicht abgeteilt, in die Hechelmaschine zum Hecheln eingespannt. Für eine mittlere Flachsfeinheit nimmt man Maschinen mit 14 bis 18 aufeinanderfolgenden Hechelstellen, die z. B. folgendermaßen fortlaufend benadelt sein können: $^1/_4$, $^1/_2$, 1, 1,5, 2, 3, 4, 5,5, 7, 9, 12, 16, 20, 25 Nadeln je $2^1/_2$ cm. Die der Maschine entnommenen Hechelflachshandvolle werden, handvollweise abgeteilt, abgelegt, wobei ein Sortieren je nach erreichter Faserfeinheit erfolgen kann, mit dem, besonders bei feinen Flächsen, ein Nachhecheln durch leichtes Hecheln auf einer feinen Handhechel, verbunden sein kann. Damit ist eine Kontrolle darüber eingeschaltet, daß die zur weiteren Verarbeitung gegebenen Fasern allen Ansprüchen genügen, da schlecht gehechelte Handvolle sich beim Spinnen feinerer Garne ungünstig auswirken würden.

Die weitere Verarbeitung der Faser gliedert sich nun in zwei Zweige auf:

1. die Verarbeitung der in Handvollen parallelliegenden gehechelten Langfaser,
2. die Verarbeitung der Wirrfaser, des Werges, und zwar in Form von Schwungwerg und Hechelwerg, die sich beide nur durch die Reinheit und Feinheit unterscheiden, welche die Ausspinnbarkeit zu einer gröberen oder feineren Nummer beeinflussen.

1. Bandbildung durch Anlegen

Die Bandbildung aus parallelliegender Langfaser unterscheidet sich grundsätzlich von der für Wirrfaser üblichen Art. Sie geschieht durch das sogenannte Anlegen auf dem Auflagetuch der Anlege (Spreader), das darin besteht, daß die einzelnen Handvolle auf dem Auflageleder der Anlege schuppenförmig übereinandergelegt werden. Diese gleichmäßige Auflage, die in sich noch keinen Halt hat, wird dem Streckfeld der Maschine zugeführt und nach dem Passieren des Einlieferzylinders von dem im Streckfeld umlaufenden Nadelstäben aufgenadelt. Diese befördern die Faser zum Streckzylinder, der die Fasern aus den Nadelstäben herauszieht und

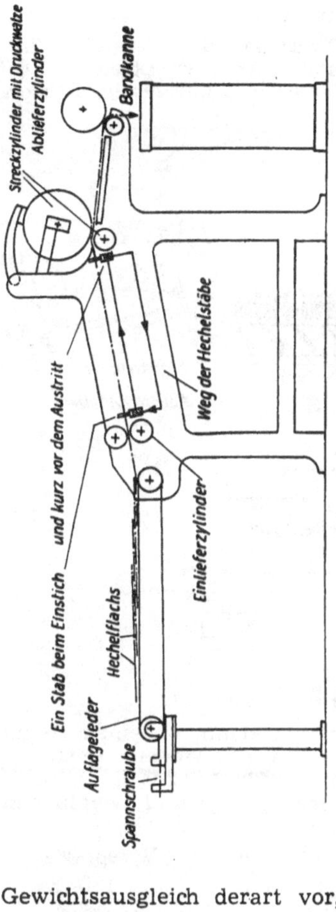

Abb. 17. Anlege für Hechelflachs.

zu einem zusammenhängenden Band von beliebiger Länge formt. Diese Bänder sind noch ungleichmäßig, da die Handvollgewichte in unabänderlichen Grenzen schwanken und die Auflage auf das Leder nicht in genau gleichen Abständen erfolgen kann. Es wird aber ein möglichst gleichmäßiges Garn verlangt. Man versucht das zunächst durch folgende Maßnahme zu erreichen: Das erforderliche Metergewicht des Anlegebandes liegt rechnerisch fest. Läßt man eine bestimmte Bandlänge in eine Spinnkanne einlaufen, müßte der Inhalt ein bestimmtes Gewicht haben. Da an der nächsten Maschine wie in der Baumwollspinnerei gedoppelt wird, werden mehrere Kannen für eine Ablieferung der Strecke angesetzt, deren Bänder nach dem Verziehen zu einem Band vereinigt werden. Hier nimmt man nun einen Gewichtsausgleich derart vor, daß Über- oder Untergewichte in den Kannen gleicher Bandlänge, entstanden durch ein zu schweres oder zu leichtes Band, ausgeglichen werden.

2. Strecken

Das Verfeinern unter Beachtung der Vergleichmäßigung findet auf Strecken statt, deren Streckfeld wie bei der Anlage gebaut ist. Es werden auf ihnen mehrere

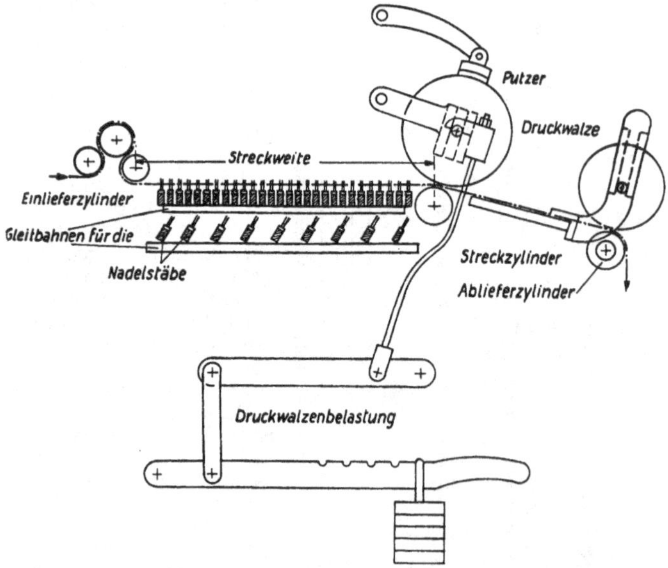

Abb. 18. Schema der Flachsstrecke.

Bänder getrennt verzogen, um dann zu einem Band vereinigt zu werden, d. h., es wird gedoppelt. Derartige Streckdurchgänge nimmt man für Langflachs 4 bis 5. Ein Beispiel für die Höhe der Verzüge und Dopplungen kennzeichnet die Verarbeitung:

Strecke:	1	2	3	4	Vorsp.-Masch
Verzug:	8	10	12	11fach	12fach
Dopplung:	8	8	6	4fach	1fach

Auf der ersten Strecke findet in diesem Beispiel keine Verfeinerung, sondern nur Vergleichmäßigung, statt, auf den weiteren Strecken wird in dem Maße verfeinert, wie die Verzüge die Dopplung überwiegen.

Die Benadelungsdichte der Nadelstäbe nimmt entsprechend der Bandverfeinerung zu und richtet sich nach der zu spinnenden Garnfeinheit. Für ein Garn mittlerer Feinheit wählt man etwa:

Anlege	1. Strecke	2. Str.	3. Str.	4. Str.	Vorsp.-Masch.
6	8	10	13	16	20 Nadeln

je $2^1/_2$ cm. Die Nadeln werden bei größerer Nadelzahl je $2^1/_2$ cm dünner und kürzer.

Der Abstand zwischen dem Einliefer- und dem Streckzylinder, die sogenannte Streckwerksweite oder Streckweite, richtet sich nach der zur Verarbeitung kommenden Faserlänge. Da die Faser durch die Nadelarbeit weiter verkürzt wird, kann diese von Maschine zu Maschine kleiner werden. Es ist bei einem System für eine mittlere Garnnummer die Streckweite der Anlege beispielsweise 32 Zoll, für die 4 Strecken der Reihe nach 28—26—24—22 Zoll und die Vorspinnmaschine 20 Zoll.

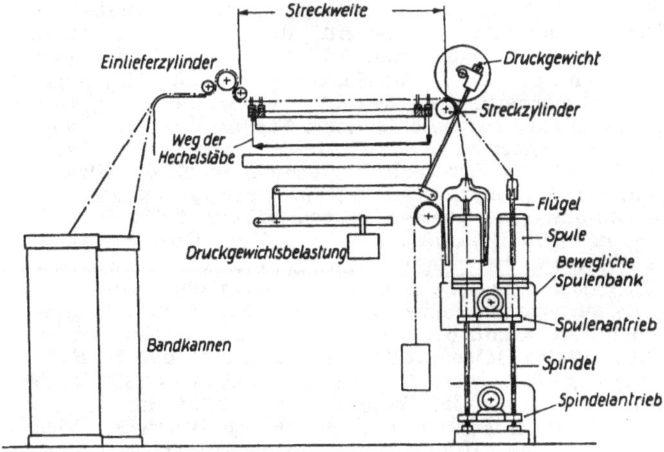

Abb. 19. Vorspinnmaschine für Hechelfaser.

3. Vorspinnen

Die Bänder der letzten Strecke werden ohne Dopplung letztmalig auf der Vorspinnmaschine verzogen, deren Streckwerk wie das der Strecken ausgebildet ist. Die vom Streckzylinder abgelieferten Bänder werden wie beim Baumwollflyer gedreht und sodann aufgespult. Die Bastfaserspinnerei verwendet bis auf eine Neukonstruktion der letzten Jahre die nacheilende Spule und windet das Vorgarn auf Scheibenspulen zylindrisch auf. Der Hub der Spule bleibt dabei während der ganzen Aufwindung gleich. Die Spulengröße wird der Feinheit des Garnes angepaßt, für mittlere Garne hat eine Spule 9 Zoll lichte Höhe bei $4^1/_2$ Zoll Außendurchmesser, für feinere Garne sind die entsprechenden Maße 8 und 4, für gröbere 10 und 5 Zoll.

4. Das Feinspinnen

Beim F e i n s p i n n e n sind zwei Spinnarten zu unterscheiden: das Trocken- und das Naßspinnen.

Beim T r o c k e n s p i n n e n wird das Vorgarn in einem einfachen Zweizylinderstreckwerk verzogen. Der Vorgarndrehung kommt bei der alten, „klassischen" Trockenspinnmaschine die Aufgabe zu, das Vorgarn so weit zu befestigen, daß es die aufgesteckte Spule nachzieht, daß ferner die Fasern gesetzmäßig durch das Streckwerk geführt werden. Da die Faserlänge im Band unterschiedlich ist, gibt es stets Fasern, die weder vom Einliefer- noch vom Streckzylinder erfaßt sind. Diese sollen aber mit der Einliefergeschwindigkeit das Streckfeld durchwandern. Dazu ist notwendig, daß sie eine Verbindung mit solchen Fasern haben, die noch vom Einlieferzylinder erfaßt sind, wozu die Drehung dient. Die Brustplatte zwischen Einliefer- und Streckzylinder sorgt dafür, daß die Drehung nicht in das dünne, bereits verzogene Bändchen vor dem Streckzylinder hineinspringt, wodurch dieses frühzeitig gefestigt würde. Diese Platte ist senkrecht zum Fadenlauf und in Richtung desselben verstellbar, die Stellung richtet sich nach den Faserlängen im Band und beeinflußt die Gleichmäßigkeit des Fadens. Bei einer neuzeitlichen, zunächst nur für die Jutespinnerei gebauten Trockenspinnmaschine, wird nicht gedrehtes Vorgarn verwendet,

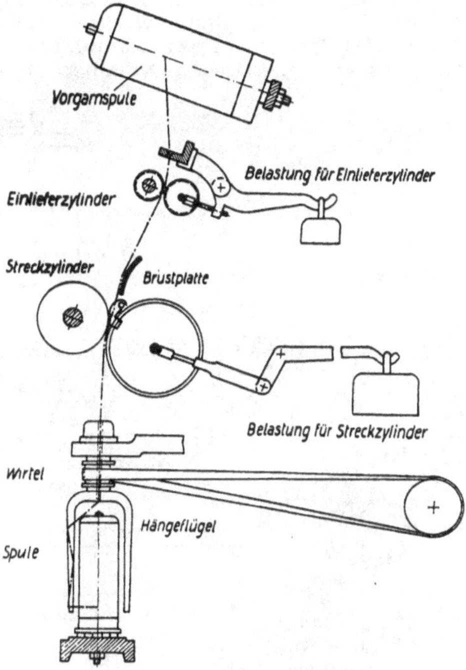

Abb. 20. **Trockenspinnmaschine.**

sondern ungedrehte feine Faserbändchen. Durch besondere Führungsorgane im Streckfeld werden die kurzen Fasern geführt.

Die Aufwindung des Fadens geschieht auf Scheibenspulen. Die Spule erhält, abweichend vom Flyer, keinen Antrieb, sondern wird durch den gesponnenen, aufzuwindenden Faden durch die Flügelöse nachgeschleppt. Hierbei nimmt sie die für den gerade bestehenden Aufwindedurchmesser erforderliche Drehzahl an. Neuzeitliche Maschinen haben den Hängeflügel; unabhängig von diesem gelagert befindet sich im Flügelkreis die

Spindel zur Aufnahme der Spule. Diese Anordnung hat u. a. den Vorteil, daß der Spulenwechsel mechanisiert werden kann. Das Trockenspinnen ist nur bis zu Garnfeinheiten etwa der metrischen Nummer 16 möglich,

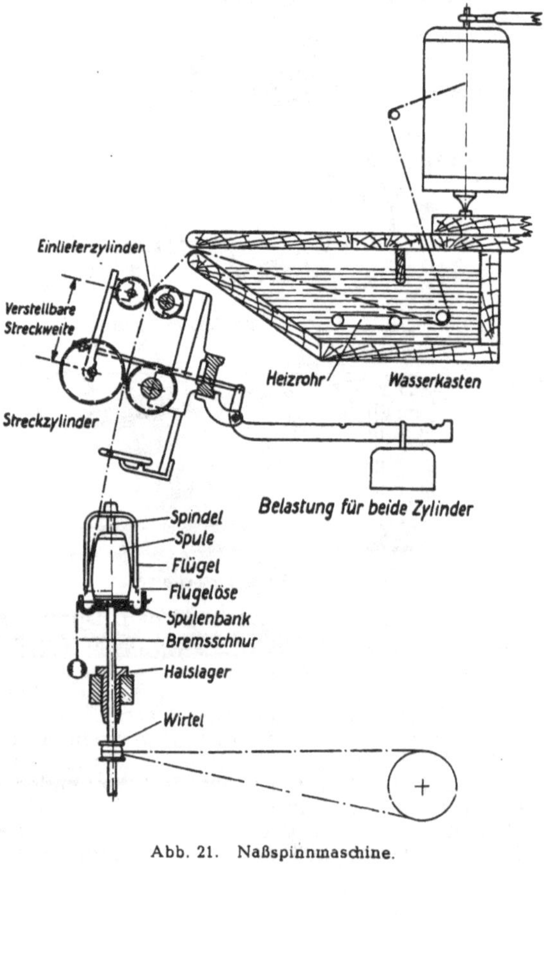

Abb. 21. Naßspinnmaschine.

eine Feinheit, die trocken selten gesponnen wird. Die Gillspinnmaschine (siehe Hanfspinnerei, S. 60) hat auch in der Flachsspinnerei Eingang gefunden und wird bei Neuanlagen zur Herstellung von Trockengarnen fast ausschließlich verwendet.

Neben dem Trockenspinnen und für feinere Garne als oben angegeben ausschließlich verwendet, gibt es das Naß-Spinnen. Dieses beruht auf folgenden Gegebenheiten: Nach dem Erweichen des Pflanzenleims durch Wasser kann die technische Faser in sich verzogen werden. Das Ergebnis ist ein glatterer Faden von größerer Festigkeit als beim Trockenspinnen. Das Vorgarn wird nach Ablauf von den Vorgarnspulen durch einen Wasserkasten, Wasser von 45 bis etwa 70°, gezogen, um unmittelbar in einem Zweizylinderstreckwerk verzogen zu werden. Bei diesem ist die Entfernung zwischen den beiden Klemmpunkten wesentlich kleiner als beim Streckwerk der Trockenspinnmaschine und auch kürzer als die Fasern im Band selbst. Das ist deshalb möglich, da die Bastzellen gegeneinander verzogen werden, nach deren Länge sich die Streckweite zu richten hat. Die Aufwindung des Garnes erfolgt grundsätzlich wie bei der Trockenspinnmaschine.

c) Die Wergspinnerei

1. Bandbildung durch Kardieren

Die Bandbildung beim Werg findet auf der Flachskarde statt, welche der Deckelkrempel in der Baumwollspinnerei entspricht. Hechelwerg kann stets ohne weiteres auf ihr verarbeitet werden, Schwingwerg wird je nach Reinheit vorher geschüttelt, um Schäben zu entfernen oder um Faserzusammenballungen aufzulockern. Das Werg wird von Hand oder mechanisch auf das Auflagetuch der Karde aufgelegt. Die mechanische Auflage geschieht derart, daß aus einem Füllkasten die Fasern durch ein Nadellattentuch herausgeholt werden, um auf das Auflagetuch aufgebracht zu werden. Bei dem aufsteigenden Teil des Lattentuches ist ein Abstreifer angebracht, damit die Menge des mitgenommenen Fasergutes möglichst gleichmäßig ist und nicht zu große Faserklumpen mitgehen. Am absteigenden Teil ist ein Hacker angebracht, der das Werg aus den Nadeln herausstreift. Um die Gleichmäßigkeit der Auflage weiter zu fördern, kann zwischen Hacker und Auflagetuch eine Wiegevorrichtung eingeschaltet werden. Da bei der Länge der Flachswergfaser die Verbindung zwischen dem Werg auf dem Nadeltuch und dem Auflage-

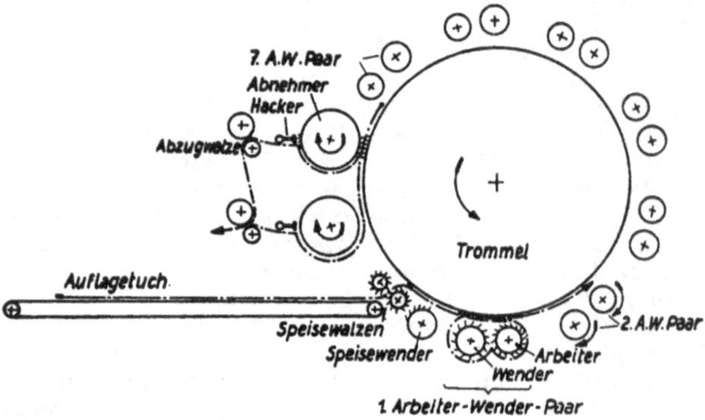

Abb. 22. Flachsfeinkarde.

tuch nicht abreißt und die dazwischen befindliche Wergmenge sich nur in die Länge zieht, aber nicht abreißt, lassen sich Teilmengen nicht abwiegen und dann in bestimmten Abständen auf das Tuch abwerfen. Es wird deshalb eine Stauvorrichtung in Form einer Waagschale angeordnet, die mit einer Sperrvorrichtung für den Antrieb des Lattentuches in Verbindung steht. Ist zu viel Werg in der Waagschale, setzt der Antrieb aus. Er setzt wieder ein, sobald durch das Auflagetuch genügend Werg aus der Schale entnommen wurde, so daß sie erleichtert wurde.

Zwei Speisewalzen übernehmen das Werg vom Auflagetuch und geben es an die Trommel weiter. Durch den großen Geschwindigkeitsunterschied zwischen den Nadeln der Trommel und denen der Speisewalze werden die Fasern von den Trommelnadeln intensiv durchkämmt, weiter aufgeteilt und dabei auch gereinigt.

Weitere Bearbeitungsstellen sind die verschiedenen am Umfang der Trommel angebrachten Arbeiter-Wenderpaare. Ihre Arbeits- und Wirkungsweise ist folgende:

Die Fasern befinden sich in den schräg stehenden Trommelnadeln. Durch die Fliehkraft werden sie an die Oberfläche des Belages angehoben. Sie können von den Nadeln des langsam laufenden Arbeiters, dessen Nadeln mit ihren Spitzen den Trommelnadeln gegenüberstehen, aufgenommen werden, um so lange der Trommel zur Bearbeitung dargeboten zu werden, bis sie aus dem Bereich der Trommelnadeln herausgebracht wurden. Der Wender hebt das Werg aus dem Arbeiter heraus und bringt es wieder zur Trommel zurück. Infolge der großen Geschwindigkeit der Trommelnadeln werden die Fasern tief in den Belag hereingezogen, sie kommen unter dem Arbeiter hindurch, ehe sie wieder durch die Fliehkraft an die Oberfläche gehoben werden, so daß sie vom Arbeiter des nächsten Arbeiter-Wendepaares erneut der Trommel zur Bearbeitung dargeboten werden. Derartige Arbeiter-Wendepaare befinden sich am Umfang einer Flachskarde 7 bis 8, für sehr feine Werge auch bis 10. Nach dem letzten Arbeiter-Wenderpaar nehmen zwei nacheinander geordnete Abnehmerwalzen je etwa die Hälfte der Faser wie die Arbeiter auf. Die Abnahme des Faservlieses geschieht wie bei der Deckelkrempel durch Hacker und Abzugwalzen. Das vom Hacker abgenommene Vlies wird in drei gleichbreite Streifen geteilt, damit die Fasermenge zwischen Hacker und Abzugwalze nicht zu schwer wird. Aus jedem Streifen wird ein Band gebildet, alle gebildeten Bänder werden zuletzt zu einem Band vereinigt.

In der Trommellaufrichtung liegen die ersten Arbeiter-Wenderpaare unten. Es sind das die Paare, die am meisten reinigen. Die Unreinigkeiten können so ohne weiteres nach unten herausfallen. Die Bandausbeute ist je nach der Reinheit des Werges und auch nach der Intensität der Bearbeitung verschieden hoch. Ein mäßig gereinigtes Schwingwerg gibt oft nur 40 v. H. Band. Der Rest ist kurze, nur zu Polsterzwecken geeignete Faser, Schäben und Staub. Ein gutes Schwingwerg ergibt im allgemeinen 60 bis 70 v. H. Band, Hechelwerg bis 85 v. H.

Um die beim Bandbilden begonnene Parallelisierung der Fasern zu fördern, ist unmittelbar an die Karde eine einköpfige Strecke, der sogenannte Streckkopf, angebaut, auf dem die Bänder mit einem geringen Verzug verzogen werden. Zur Kontrolle der Bandschwere werden auch hier gleiche Bandlängen in die Aufnahmekannen abgeliefert. Über- und Untergewichte werden wie bei den Anlegebändern ausgeglichen.

2. Das Strecken

Das Verfeinern und Vergleichmäßigen der Bänder geschieht auf 3 bis 4 Strecken, deren Bauart gleich denen der Langfaserstrecken ist und die sich äußerlich von diesen nur dadurch unterscheiden, daß die Streckweite der kürzeren Faser angepaßt ist. Sie beträgt bei den aufeinanderfolgenden Strecken etwa 14—13—12 Zoll, auf der Vorspinnmaschine 11 oder 10 Zoll.

Da die Faser kürzer ist als die Langfaser, wird nur mit geringeren Verzügen gearbeitet. Entsprechend müssen die Dopplungen kleiner gewählt werden. Für ein Werggarn mittlerer Feinheit gibt folgende Übersicht Anhaltspunkte:

Maschine:	1. Strecke	2. Strecke	3. Strecke	Vorsp.-Masch.
Verzug:	4	4,5	5	6fach
Dopplung:	4	3	2	1fach

Die Gesamtdopplungen sind merklich niedriger als bei Langfaser, und zwar $4 \times 3 \times 2 = 24$ gegenüber $8 \times 8 \times 6 \times 4 = 1536$ bei dem oben angeführten Beispiel für Langfaser. Die Vergleichmäßigungsarbeit ist also geringer als dort.

Diese ist aber ausreichend, da die Kardenbänder an sich gleichmäßiger sind, als die durch Anlegen gebildeten Langfaserbänder, die eine größere Vergleichmäßigung erfordern. Hinzu kommt, daß auch die Anforderungen an die Gleichmäßigkeit der Wergbänder nicht so groß ist wie die, welche an Langfasergarne gestellt werden.

3. Vorspinnen

Die Vorspinnmaschine arbeitet wie die bei Langfaser verwendete. Die Streckweite ist kürzer, da die Faser kürzer ist. Das Vorgarn erhält mehr Drehungen auf die Längeneinheit, damit die kürzere Faser genügend eingedreht wird und das Vorgarn dadurch eine ausreichende Festigung erfährt.

Da Werggarne allgemein gröber ausgesponnen werden als Langfasergarne, sind auch die Vorgarne gröber und damit auch die verwendeten Spulengrößen.

4. Feinspinnen

Werggarne können trocken oder naß gesponnen werden. Die Trockenspinnmaschinen haben, da die Faser kürzer ist, ein Streckwerk mit kürzerer Streckweite. Die Naßspinnmaschine arbeitet gleich der für Langfaser. Hier kann Langfaser und Werg auf derselben Maschine gesponnen werden, da die Streckweite sich nur nach dem bei beiden gleich langen Bastzellen zu richten hat.

5. Nacharbeit

Die Flachsgespinste wurden früher fast ausschließlich gehaspelt und in Strähnen zu Bündeln gepreßt, nachdem Naßgarne im Strang getrocknet wurden. In der Weberei müssen diese Garne umgearbeitet werden. Es wird deshalb angestrebt, die Garne auf Kreuzspulen zu bringen, auf diesen zu trocknen, um sie unmittelbar in der Weberei weiterverarbeiten zu können. Das Verfahren hat sich noch nicht allgemein durchsetzen können.

II. Die Hanfspinnerei

Die H a n f s p i n n e r e i lehnt sich in ihren Arbeitsgängen und Maschinen weitgehend an die der Flachsspinnerei an. Zusätzlich zur Flachsspinnerei kommen folgende Verarbeitungsgänge hinzu:

Um die Teilfähigkeit der Faser beim Hecheln zu erhöhen, die beim Hanf von Natur aus nicht so groß ist wie beim Flachs, wird der Rohhanf geweicht oder gerieben, zwei Bezeichnungen für denselben Arbeitsgang. Er wird hierbei einem sich häufig wiederholenden starken Druck ausgesetzt. Das geschieht durch schwere, auf einer kreisringförmigen Unterlage umlaufende Walzen, oder durch Hindurchlaufen durch geriffelte Walzenpaare, die unter Federdruck aufeinandergepreßt werden.

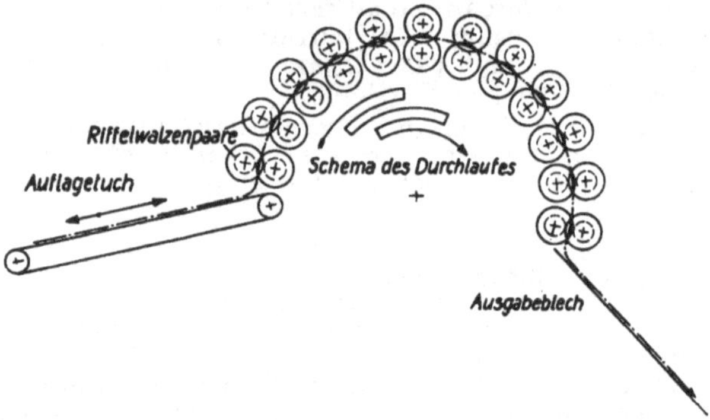

Abb. 23. Pilgerschrittweiche.

Nach diesem Weichen wird der Hanf auf Flachslänge geschnitten, wobei Wurzel- und Spitzenenden mit etwa je 20 cm Länge abgeschnitten werden, um mit Werg zusammen verarbeitet zu werden, während das verbleibende Stück in gleich lange Handvolle von 65 bis 80 cm Länge und im Gewicht von 140 bis 180 g geteilt wird. Diese werden wie der Flachs gehechelt. Da die Faser sich jedoch nicht zu so feinen Garnen ausspinnen läßt wie dieser, werden die Maschinen gröber benadelt. etwa: 1/8, 1/4, 1/2, 3/4, 1, 2, 3 1/2, 5 1/2, 8, 12 Nadeln je 2 1/2 cm.

Die Bandbildung erfolgt wie beim Flachs, ebenso die Verarbeitung auf den Strecken, die auch eine gröbere Benadelung aufweisen.

Nach dem Verstrecken kann Vorgarn auf der Vorspinnmaschine hergestellt werden, das trocken oder naß gesponnen wird. Hanfnaßgarne werden im Vergleich zu Flachsnaßgarnen jedoch nur in geringem Maße gesponnen. Es überwiegt das Trockenspinnen, wofür heute in erster Linie die Gillspinnmaschine dient. Diese besitzt ein Hechelfeld wie die Strecken. Das fein verzogene Bändchen wird aber unmittelbar fertig gedreht, und zwar mittels Hängeflügel und nachgeschleppter Spule wie bei der Trockenspinnmaschine alter Bauart.

Trockengesponnene Garne sind heller als naßgesponnene, welhalb man beim Hanfgarn das Trockenspinnen vorzieht, da bei den Hanferzeugnissen die helle Farbe geschätzt wird. Bei Webgarnen (Flachsgarne sind größtenteils Webgarne), spielt die dunkle Farbe, die durch das Naßspinnen verursacht wird, keine Rolle, da sie nach dem Bleichen ohnedies verschwunden ist. Bei Bindfaden, Schnüren usw. ist aber die helle Farbe erwünscht.

Sehr viele Hanfgarne werden gezwirnt, um zu Bindfaden verarbeitet zu werden. Beim Zwirnen werden zwei oder mehr Fäden entgegengesetzt der Spinndrehung zusammengedreht. Die Maschine ähnelt der Spinnmaschine, besitzt nur einen Lieferzylinder an Stelle des Streckzylinders, das Streckfeld entfällt, da ein Verzug nicht in Frage kommt. Die Drehungserteilung findet wie bei der Spinnmaschine statt. Im allgemeinen haben die Zwirnmaschinen größere Spulen, um bei den dickeren Zwirnen gegenüber den Einzelfäden ausreichende Zwirnlängen auf die Spulen bringen zu können.

Bindfäden werden, um verkaufsfähig zu sein, poliert. Das geschieht dadurch, daß der Faden unter reichlicher Wasserzufuhr durch Schabewalzen zunächst geglättet wird, wobei Unebenheiten abgearbeitet werden. Hiernach durchläuft der Faden einen Schlichtetrog zur Aufnahme der Schlichte, welche dem Faden eine glatte Oberfläche und Glanz gibt. Danach werden die Fäden mehrmals um zwei Trockentrommeln geführt, wobei sie stufenweise getrocknet werden. Mit Wachs überzogene Glanzwalzen glätten und polieren die Oberfläche. Auf einer solchen Poliermaschine, bei der sich die Abmessungen nach der Fadendicke richten, werden 24 bis 32 Fäden, die nebeneinanderliegend bandförmig durch die Maschine gehen, zugleich bearbeitet.

Die handelsmäßige Aufmachung der Bindfäden ist das Knäuel im Gewicht von 25, 50, 100, 200, 500 oder 1000 g, je nach der Fadendicke bzw. den Wünschen des Verbrauchers, ferner die Kreuzspule.

Neben dem Bindfaden werden auch unpolierte Zwirne hergestellt, z. B. Wurstgarn. Andere Garne werden nach Art der Seilerei zu Schnüren, Leinen und Seilen verseilt.

III. Die Jutespinnerei

Die Jutespinnerei verwendet, obwohl die Jute vorwiegend als Langfaser vorliegt, ausschließlich das Wergspinnverfahren. Die Rohjute wird wie der Hanf geweicht. Die Maschine, der Softener, besteht normalerweise aus 63 hintereinander angeordneten Riffelwalzen-

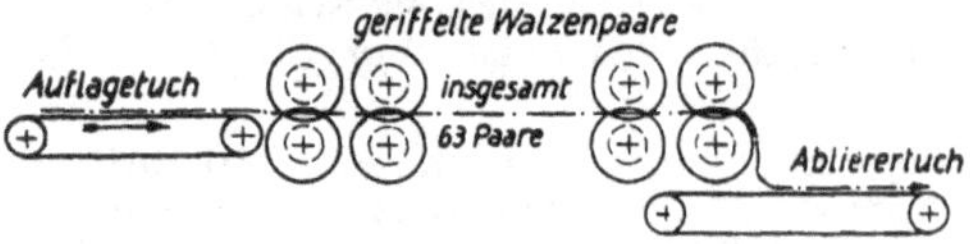

Abb. 24. Jutesoftener.

paaren. Die Jute durchläuft den Softener unter Zusatz der Batschflüssigkeit, die etwa 80 v. H. Wasser und etwa 20 v. H. Tran- oder Mineralöl enthält. Das Fett macht die Faser geschmeidig.

Die Bandbildung wird auf einer Karde mit Muldenspeisung vorgenommen. An der Mulde wird die lange Jutefaser in kurze Stücke aufgespalten, die über 2-Arbeiter-Wendepaare gehen. Vom Abnehmer wird das Vlies nur durch Abzugswalzen abgenommen, was bei der stärkeren, gröberen Faser ohne Hacker möglich ist.

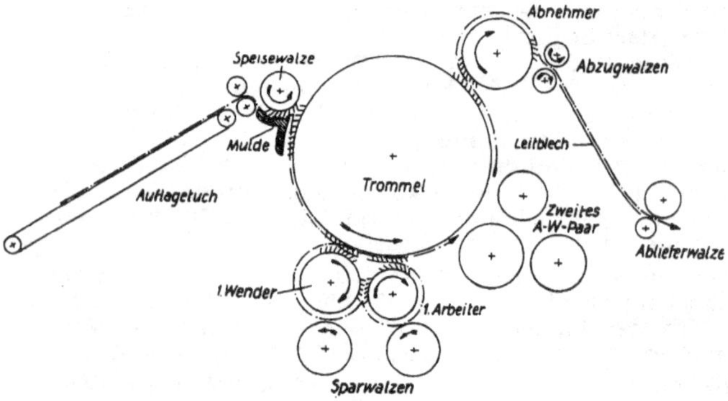

Abb. 25. Vorkarde mit Muldenspeisung und 2-Arbeiter-Wenderpaaren.

Die Bänder werden entweder sofort auf die erste Strecke gegeben, oder sie gehen erst noch über eine zweite Karde als Feinkarde, auf deren Auflagetuch 10 bis 12 Bänder nebeneinander in geschlossener Auflage einlaufen. Die Karde hat 4-Arbeiter-Wenderpaare, teilt die Faser weiter auf und vergleichmäßigt die Bänder.

Neuerdings hat auch die in der Seilgarnspinnerei verwendete kombinierte Anlege- und Hechelmaschine, der Breaker, als erste Bandbildungsmaschine in der Jutespinnerei Eingang gefunden. Es werden 6 bis 8 Walzenpaare wie beim Softener vorgeschaltet. Die Bänder werden ebenfalls zur Bandrolle aufgewickelt und der Vorkarde vorgelegt. Diese liefert, da sie mit mehreren nebeneinanderliegenden flachen Bändern gespeist wird, ein gleichmäßigeres Band ab.

Die Überführung der Bänder von der Vor- zur Feinkarde oder der Feinkarde zur Strecke geschieht immer mehr auf Bandrollen, bei denen die Bänder wie Papierstreifen aufgerollt werden. Diese Rollen benötigen keine Kannen und fassen infolge der möglichen festen Aufwicklung erhebliche Bandlängen gegenüber den sonst verwendeten Bandkannen.

Früher ging die Verarbeitung über 2 Strecken und Vorspinnmaschine, wonach auf der Trockenspinnmaschine feingesponnen wurde. Neuzeitliche Anlagen schalten jedoch die Vorspinnmaschine aus. Die Bänder werden auf einer dritten Strecke verfeinert und nachdem sie bei der Ablieferung gefältet wurden, um sie zu gelegt. Die Streckwerke dieser Trockenspinnmaschine sind so konstruiert, daß die kurzen Fasern auch ohne die früher übliche Vorgarndrehung eine ausreichende Führung erhalten. Zur Führung dienen bei den Bauarten verzahnte Unterzylinder als Zwischenzylinder, auf denen eine verzahnte Oberwalze aufliegt, so daß zwischen den Verzahnungen die Fasern, die an sich hindurchgleiten können, geführt werden, oder es werden Riemchen verwendet, und zwar entweder Unterriemchen mit belasteter Oberwalze oder Unterriemchen mit Oberriemchen. Die zuletzt genannte Ausführung arbeitet als Hochverzugsstreckwerk, so daß stärkere Bänder der Maschine vorgelegt werden können, so daß gegebenenfalls zwei Strecken in der Vorbereitung ausreichen. Der Vorteil der Bandspinnmaschinen (da sie vom ungedrehten Band spinnen), besteht darin, daß die Vorspinnmaschine mit ihren vielseitigen Getrieben entfällt und daß an die einseitig gebauten Spinnmaschinen Bandkannen mit großer Fassung angesetzt werden können, wodurch das häufige Wechseln der nur begrenzt aufnahmefähigen Vorgarnspulen entfällt. Die Vorspinnmaschine mit ihren vielseitigen Getrieben entfällt dadurch auch hier.

Naßspinnen ist bei Jutegarnen nicht üblich.

IV. Die Seilgarnspinnerei

Hanf, aus dem grobe Fäden gesponnen werden, benötigt nicht die intensive Hechelung wie bei seiner Verarbeitung zu Feingarn. Es genügt unter Umständen eine leichte Handhechelung, die je nach Ausfall der Partie auch noch wegfallen kann. Die Seilgarnspinnerei, die in gleicher Weise auch für Sisal und Manila Anwendung findet, verwendet zur Bandbildung eine grobe Anlegemaschine mit einer Streckweite von etwa 88 Zoll und sehr grober Benadelung der Hechelstäbe, etwa 5 mm Nadeldurchmesser im Abstand von $^3/_4$ Zoll von Nadelmitte zu Nadelmitte. Die Arbeitsweise ist wie bei der Flachsspinnerei beschrieben.

Leistungsfähiger und in der Hartfaserspinnerei (Sisal und Manila) mehr verwendet ist die „kombinierte Anlege- und Hechelmaschine“, in der Praxis kurz Breaker genannt oder Good's Maschine nach ihrem Erfinder. Sie besitzt wie die Anlege ein Auflagetuch, zwischen Einliefer- und Streckzylinder sind zwei Kettenhechelfelder eingeschaltet, bei denen die Nadelstäbe in den Gelenken von Ketten gelagert sind. Sie haben gegenüber den Schraubenstrecken den Vorteil, daß sie schneller laufen können als diese, wenn auch die Faserführung nicht so gut ist.

Die erste, langsame Kette übernimmt die Faserauflage von dem Einlieferzylinder, die dann von dieser Kette auf die zweite, schnelle Kette übergeht. Hierbei findet ein leichtes Hecheln statt. Die dünne Auflage in der schnellen Kette wird vom Streckzylinder abgezogen und vom Ablieferzylinder nach seitlichem Zusammen-

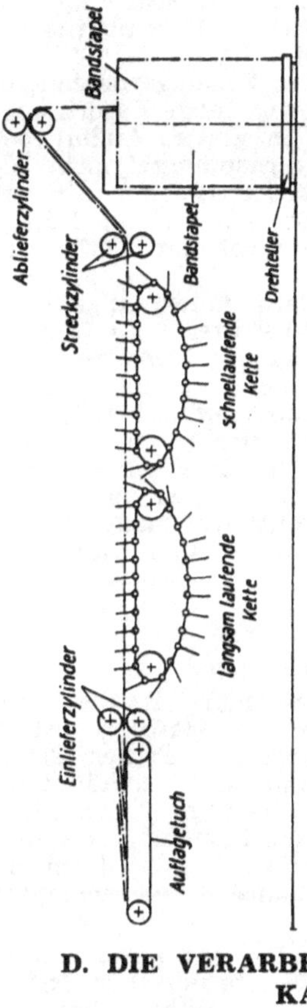

Abb. 26. Kombinierte Anlege und Hechelmaschine „Breaker".

schieben, d. h. Verdichten, in Bandform abgeliefert. Für Hanf als Weichfaser verwendet man allenfalls noch einen zweiten Breaker, für Hartfaser noch 3, manchmal noch 4 weitere Breaker, die alle mit Bändern gespeist werden und auf denen, da der Verzug höher als die Zahl der Doppelung ist, eine Bandverfeinerung eintritt.

Die Bänder der Anlege oder des letzten Breakers gehen über einige schwere Strecken und dann auf einen Gillspinner mit großen Flügel- und Spulenabmessungen.

Seilgarne werden auf Kreuzspulen oder gewöhnlichen Spulen großer Abmessungen gebracht, von denen das Verseilen erfolgt. Dünnere Schnüre und Leinen werden auch unmittelbar von der Spinnspule aus hergestellt. Ein Teil, besonders Sisalgarne, wird als Kordel zu Verpackungszwecken gezwirnt, unter Umständen geschoren, und geknäult.

D. DIE VERARBEITUNG VON WOLLE ZU KAMMGARN

I. Allgemeines über die Verarbeitung der Wolle

Die gesamte Wollverarbeitung gliedert sich in zwei Zweige:

Die Kammgarnspinnerei, welche gleichmäßig lange Wollen mittlerer Länge bevorzugt und die Streichgarnspinnerei, welche kürzere Wollen und auch das Nebenprodukt der Kammgarnspinnerei, die Kämmlinge, verarbeitet.

Wie der Name sagt, wird in der Kammgarnspinnerei das Fasergut gekämmt, wodurch nur lange Fasern versponnen werden und das Garn ein glattes Äußere bekommt, während in der Streichgarnspinnerei nicht gekämmt wird und dadurch alle kurzen Fasern mit versponnen werden, wodurch das Streichgarn eine Fülligkeit erhält, die das Kammgarn nicht hat, verbunden mit einem moosigen Aussehen.

Die Verarbeitung zu Kammgarn unterteilt sich in zwei aufeinanderfolgende Betriebsstufen: die Wollkämmerei und die Kammgarnspinnerei, von denen jede für sich eine geschlossene Einheit darstellt, und die bei größeren Betrieben auch unmittelbar hintereinander geschaltet sein können. Auch hierbei ist jede Abteilung insofern selbständig, als die Kämmerei von ihren Erzeugnissen, den Kammzügen, verkaufen kann, und die Spinnerei unter Umständen Kammzüge hinzukaufen muß, so wie es das Qualitäts- und Nummernsortiment erfordert.

II. Die Wollkämmerei

a) Die Sortierung

Die erste Abteilung der Wollkämmerei ist die Wollsortierung, in der die Wolle vor dem Waschen sortiert wird. Die Wolle einer Partie wird je nach den Erfordernissen in mehrere Feinheitsgrade sortiert. Hängt das ganze Vlies noch zusammen, gibt die Lage in demselben bereits gute Anhaltspunkte für die Feinheit der Haare. Eine grobe Sortierung, das Bereißen, besteht darin, die Vliese nur nach der Lage der Haare an verschiedenen Körperteilen zu zertrennen.

Die besten Wollqualitäten befinden sich an den Schulterblättern, den Flanken, der Halsseite und dem Seitenteil der Hinterschenkel. Mittlere Qualitäten befinden sich am Nacken, dem Rückgrat und dem Kreuz, geringe Qualitäten an der Brust, am Oberhals, den Oberschenkeln und der Schwanzwurzel. Zu den Abfällen (Locken, Stücke) gehören Stirn, Scheitel, Unterfüße und das hintere Schwanzteil.

Eine sorgfältige Sortierung erfordert stets eine Begutachtung der Feinheit, Kräuselung und Länge, welche von der Bauchseite her vorgenommen wird. Da von der Sortierung viel für die Einhaltung bestimmter Qualitätsmerkmale abhängt, werden die von den Sortiererinnen sortierten Wollen nochmals nachsortiert, wobei jede Feinheit von demselben Nachseher begutachtet wird, so daß eine Garantie für die Gleichmäßigkeit der Sortierung gegeben ist.

Nach dem Sortieren werden die verschiedenen aussortierten Feinheiten zunächst in Zwischenlägern gestapelt, bis von der Sorte eine ausreichende Menge vorhanden ist, damit die Verarbeitung sich lohnt.

Vor dem Waschen wird die Wolle auf einem Reißwolf aufgelockert, damit große, fest zusammenhängende Stücke des Vlieses in kleine Flocken zerteilt werden, in welche die Waschflotte leichter eindringen kann.

Der Reißwolf besteht in der Hauptsache aus einer mit Stiften besetzten Trommel, die das Fasergut aus den

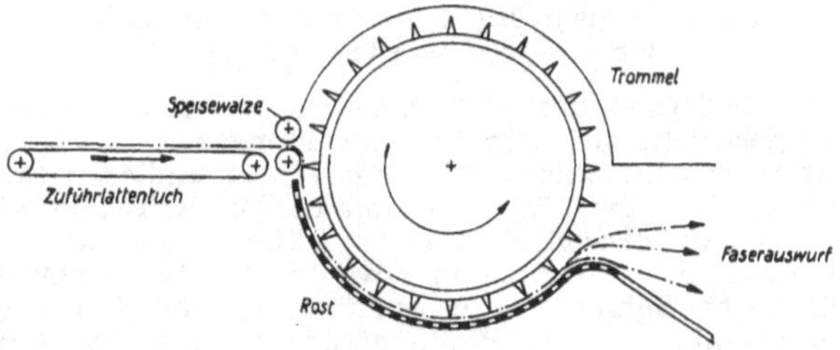

Abb. 27. Reißwolf.

Speisewalzen abnehmen und es dann wegen der radialen Stellung der Stifte durch Fliehkraft auswerfen.

b) Die Wäscherei

Nach dieser Vorbereitung wird die Wolle gewaschen. Das wirkliche Wollgewicht beträgt je nach der Herkunft für die hauptsächlich zur Verarbeitung kommenden Wollen 45 bis 65 v. H. vom Rohgewicht. Neben den erdigen Beimengen sind es die in Wasser löslichen Wollschweißsalze und das Wollfett, die zu entfernen sind. An erdigen Bestandteilen enthält die Wolle zwischen 15 und 30 v. H., an Wollfetten zwischen 12 und 20 v. H. und an wasserlöslichen Wollschweißsalzen 2 bis 5 v. H. Die erdigen Bestandteile und die Wollschweißsalze müssen in der Wäsche vollkommen entfernt werden, von dem Wollfett soll rund 1 v. H. auf der Faser bleiben. Es darf nicht vollkommen entfernt werden, da die Faser sonst spröde und hart wird, ihre Geschmeidigkeit verliert und damit auch an Spinnwert.

Die Wollschweißsalze lassen sich bereits in kaltem Wasser lösen. Erdige Bestandteile werden dabei auch schon zum Teil entfernt, ihre vollkommene Beseitigung ist aber erst in warmem Wasser unter Mitwirkung von Waschmitteln möglich. Zum Auswaschen des Wollfettes ist eine Temperatur von 40° erforderlich. Die erdigen Bestandteile sollen vor dem Wollfett entfernt werden, da dieses die Faser als Schutzschicht umgibt und verhindert, daß der Schmutz in die Faser eindringt. Sie würde dadurch grau und trüb werden, eine Schädigung, die nicht wieder beseitigt werden könnte.

Das Entfernen des Wollschweißes als ersten Arbeitsgang geschieht auf dem Entschweißungsapparat. Er besteht in seinem oberen Teil aus einem endlosen Siebtuch, das über zwei Walzen umläuft. Die Rohwolle wird in einer Schicht von etwa 15 cm Dicke aufgebracht und durchläuft die Maschine in etwa 15 Minuten. Über der Wollschicht befinden sich Spritzrohre, aus denen ein Wasserstrahl auf die Wolle gespritzt wird. Das letzte Spritzrohr spritzt Frischwasser auf. Unter dem Siebtuch wird das unten abfließende Wasser aufgefangen und durch eine Pumpe durch das vorletzte Rohr wieder auf die Wolle gespritzt. Das aufgefangene Wasser wird dann jedesmal durch das davorliegende Rohr wieder aufgespritzt. Es findet so eine Anreicherung des Wassers an gelösten Salzen statt. Die Lauge kann zur Pottaschegewinnung eingedampft werden. Am Schluß der Maschine wird die Wolle abgequetscht und unmittelbar der Waschmaschine übergeben.

Die Waschmaschine besteht aus mehreren hintereinander geschalteten Waschkufen, durch welche die Wolle mittels Rechen weiterbefördert wird. Am Ende jeder Kufe wird die Wolle durch zwei Quetschwalzen abgequetscht und danach der nächsten Kufe zugeführt. Es sind auf diese Weise die verschiedenen Reinigungsstufen gegeneinander abgetrennt. Das Waschwasser fließt im Gegenstrom, d.h. es wird in die letzte Kufe zunächst klares Wasser gebracht, um die Wolle zu spülen. Nach dem Ablauf aus dieser Kufe wird es unter Zusatz von Waschmitteln in die vorletzte Kufe befördert, von dieser in gleicher Weise zur vorhergehenden, so daß es sich von Kufe zu Kufe an Wollfett und Schmutz anreichert. Die frische Seifenlauge ist in der Lage, die Reste des Wollfettes aufzunehmen, während die angereicherte Lauge, aus der Rohwolle noch Schmutz und Fett aufnimmt. Unten in den Kufen liegen Siebbleche, durch die Sand und Schlamm in den darunter liegenden Raum geht, aus dem sie abgeblasen werden.

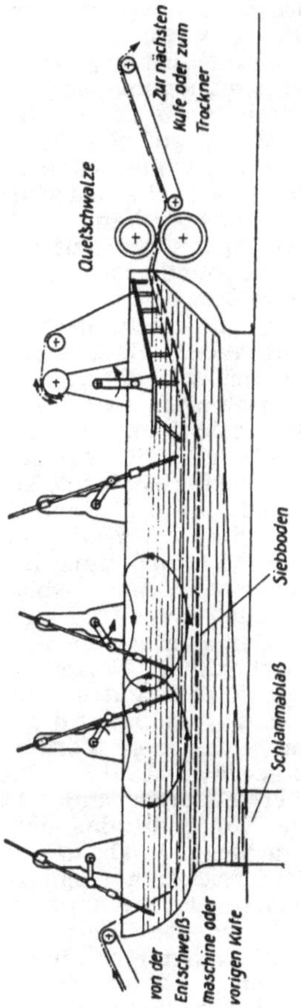

Abb. 28. Wollwaschmaschine.

Unmittelbar an den Waschprozeß anschließend wird die Wolle getrocknet. Nach dem Verlassen der letzten Waschkufe und dem dabei erfolgten Abquetschen wird sie mechanisch in den Trockner geleitet.

Früher wurden vielfach Trockentrommeln verwendet, deren Inneres mit Holzstiften besetzt war. Die durch ein Lattentuch in die Trommel beförderte Wolle fällt unten in die Trommel und wird bei der Drehung der Trommel durch die Holzstifte nach oben mitgenommen. Sie fällt dann, da die Trommel schräg gelagert ist, weiter zum Ausgang wieder nach unten. Die Wirkung auf die Faser war nicht gut, es können sich Faserflocken zusammendrehen, die man später nicht öffnen kann, ohne Fasern zu zerreißen.

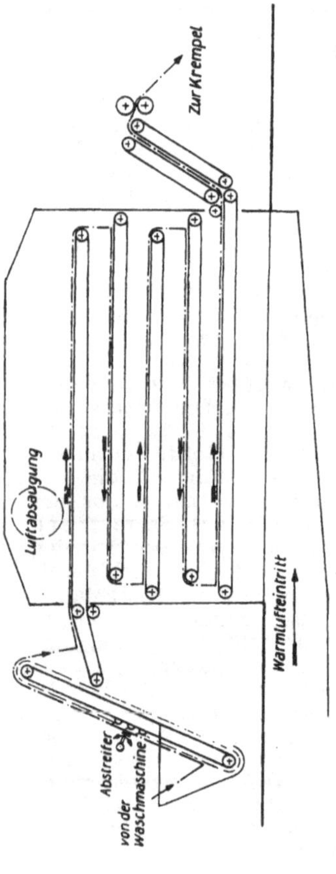

Abb. 29. Wolltrockenmaschine.

Es hat sich deshalb eine andere Bauart eingeführt, die **Etagentrockenmaschine**. Sie besteht meistens aus 5 übereinandergeordneten Förderbändern. Ein benadeltes Lattentuch befördert die Wolle von der Waschmaschine auf das oberste Band, wobei ein hin- und herschwingender Rechen für eine gleichmäßige Verteilung des Trockengutes auf dem Lattentuch und damit auch den Förderbändern sorgt. Das oberste Förderband gibt die Wolle an das darunterliegende ab, dessen Förderrichtung entgegengesetzt ist, und so fort, bis die Wolle von dem untersten Band, dessen Förderrichtung gleich derjenigen des ersten Bandes ist, aus der Maschine abgegeben wird. Die Gesamtdurchlaufzeit beträgt etwa 20 Minuten.

Die Trockenluft tritt unten in die Maschine ein. Sie durchströmt die Maschine entgegen der Förderrichtung der Wolle. Die warme, feuchtigkeitsaufnahmebereite Luft trifft auf das schon ziemlich weit getrocknete Fasergut, sie strömt von unten durch die Faserbänder, wodurch das Trockengut gelockert wird. Die an Feuchtigkeit stark gesättigte Luft kommt mit dem nassen Fasergut in Berührung und sättigt sich hierbei vollkommen. Der Feuchtigkeitsgehalt der Wolle wird auf etwa 20 v. H. gebracht, ein Gehalt, bei dem die Haare so geschmeidig sind, daß sie sich für die nun vorzunehmende vollständige Auflösung der Flocken am besten eignen.

c) Das Krempeln

Um das Wollhaar für die nun erfolgende Auflösung bis zur Einzelfaser vorzubereiten und damit es bei dieser Bearbeitung möglichst wenig beschädigt wird, gibt man einen Ölzusatz in Höhe von etwa 2 v. H. des Wollgewichtes auf die Faser. Es genügt, das Öl nur aufzutropfen, denn auf dem Transport zur nächsten Bearbeitungsmaschine und bei der Aufgabe auf diese Maschine findet eine starke Durchmischung der Wollflocken statt, so daß sich das Öl gleichmäßig verteilt. Auch ein Zerstäuben des Öles durch Druckluft wird angewendet oder ein Hindurchlaufenlassen der Wollflocken durch mit Öl benetzte Walzenpaare. Das Öl muß auswaschbar sein, um eine spätere Behandlung in der Färberei nicht zu stören.

Die Wolle befindet sich jetzt in dem Zustand, daß sie in Bandform gebracht werden kann. Das findet unter Reinigung von weiteren Unreinigkeiten auf der Walzenkrempel statt. Der Zweck des Krempelns besteht darin, die Wollflocken unter möglichster Schonung bis zur Einzelfaser aufzulösen und unter weitgehender Parallellegung der Fasern zu einem Band zu formen. Die hier verwendete Krempel besteht aus einer Kombination zweier Krempel. Zur schonenden Bearbeitung der Faser, besonders für die dehnbare Wollfaser, deren Dehnung durch eine zu starke Bearbeitung nicht verloren gehen darf, ist es zweckmäßig, daß die Arbeitsgeschwindigkeit langsam zunimmt. Das ist an einer Trommel nicht möglich, weshalb zwei Trommeln hintereinander geschaltet werden, von denen die erste bei der Vorkrempel mit geringerer Umfangsgeschwindigkeit läuft, als die Trommel des Hauptkrempels.

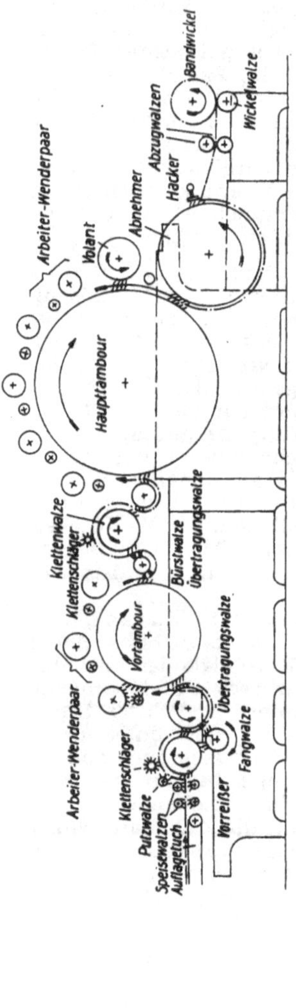

Abb. 30. Kammgarnkrempel, bestehend aus Vor- und Hauptkrempel.

Die Auflage der Wolle auf das Auflagetuch der Krempel kann von Hand oder mittels mechanischen Auflegers erfolgen. Dieser arbeitet mit einer Waage, die mit einer bestimmten Fasermenge gefüllt wird. In regelmäßigen Zeitabständen wird die Waagschale geöffnet, der Inhalt fällt auf das Auflagetuch, so daß gleiche Flächen auf diesen gleiche Fasergewichte erhalten. Das Füllen der Waagschale und das Stillsetzen der Zuführvorrichtung muß geschehen sein, ehe die Waagschale sich öffnet. Nach dem Entleeren schließt die Schale sich wieder und die Faserzufuhr setzt nach der Gewichtsverringerung wieder ein.

Die Abnahme der Wolle vom Auflagetuch und das Heranbringen der Trommel an die Vorkrempel geschieht durch den Vorreißer. Seine Umfangsgeschwindigkeit liegt zwischen derjenigen der Zuführung und derjenigen der Trommel, so daß die Geschwindigkeitsunterschiede durch die stufenweise Übernahme nicht so groß sind wie bei unmittelbarer Übergabe und eine Faserschonung erreicht wird.

Die Vorkrempel hat 2 bis 3 oben liegende Arbeiter-Wenderpaare, da die Reinigungswirkung nicht so groß zu sein braucht wie bei der Bastfaserkrempel, ist die Lage oberhalb der Trommel angebracht.

Von der Trommel der Vorkrempel wird die Faserauflage von einer Übertragungswalze abgenommen und zu der Trommel der Hauptkrempel befördert. Zwischen den Walzen nimmt die Umfangsgeschwindigkeit stufenweise zu. Eine unangenehme pflanzliche Beimengung der Rohwolle sind die Kletten. Sie werden durch einen besondern Klettenschläger entfernt, der am Vorreißer angebracht ist und die Kletten in einen Trog schleudert. Eine Klettenwalze kann auch zwischen Vor- und Hauptkrempel angeordnet sein; so daß eine restlose Entfernung der Kletten gewährleistet ist. An der Hauptkrempel befinden sich 3 bis 5 oben liegende Arbeiter-Wenderpaare.

Damit alle Fasern aus der Trommel vom Abnehmer abgenommen werden, müssen sie im Trommelbelag angehoben werden. Das geschieht durch den Volant, welcher mit seinem feinen Drahtbelag einige Millimeter in den Trommelbelag eingreift. Infolge seiner größeren Umfangsgeschwindigkeit gegenüber der Trommel hebt er die Fasern an die Oberfläche an, so daß sie an den Abnehmer übergehen können. Aus diesem werden sie durch den Hacker ausgestreift. Das Vlies wird wie üblich durch Verdichten in Bandform gebracht.

d) Das Strecken

Die Maschine, welche der Wollkämmerei den Namen gegeben hat, ist die Kämmaschine. Damit sie faserschonend arbeiten kann, müssen die Fasern in den ihr vorgelegten Bändern schon weitgehend parallel liegen. In den Krempelbändern ist das noch nicht in ausreichendem Maße der Fall. Die Bänder bedürfen deshalb noch einer Bearbeitung auf zwei Strecken. Diese ähneln im Aufbau des Streckwerkes den Hechelfeldstrecken der Bastfaserspinnerei. Während dort nur ein Nadelstabsystem angewendet wird, dessen Nadeln von unten in das Band einstechen, wird bei der Wollverarbeitung auch die Doppelnadelstabstrecke eingesetzt, bei der die Nadeln eines zweiten Stabsystems von oben zwischen den Nadelstäben des unteren Systems in das Band einstechen. Vor dem Streckzylinder werden die Stäbe des 2. Stabsystems für den Rücklauf nach oben befördert. Die Nadeldichte wird beim Doppelnadelstab-

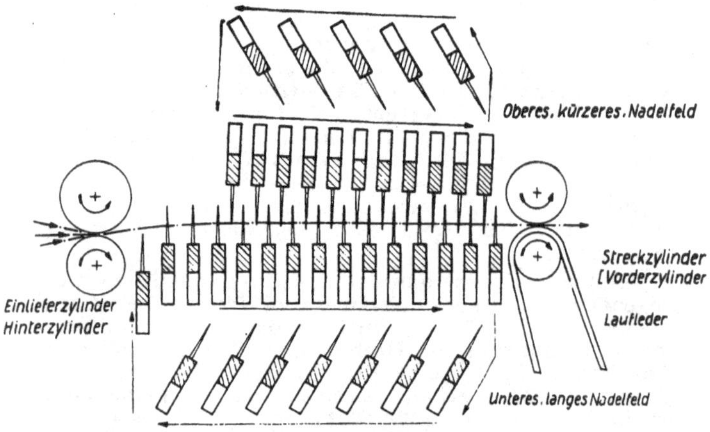

Abb. 31. Doppelnadelstreckwerk.

streckwerk dichter und dadurch die Führung der Fasern besser. Es können auch keine Faserzusammenballungen über die Nadelspitzen zum Streckzylinder wandern, sondern sie müssen in den Nadeln bleiben, so daß eine Auflösung eintreten muß. Die Parallellage der Fasern wird durch das Aufnadeln des Bandes noch wesentlich gefördert. Durch zwei derartige Streckdurchgänge, bei denen der Verzug die Dopplung nur gering überschreitet, so daß nur eine mäßige Bandverfeinerung eintritt und vor allem die Gleichmäßigkeit verbessert wird, werden die Bänder nach einer guten Verbesserung der Parallellage der Fasern der Kämmaschine weitergegeben.

e) Das Kämmen

Die Verteilung der Faserlängen in den Bändern aus Wolle zeigt, daß sich sehr viel kurze Fasern in den Bändern befinden. Der Anteil an kurzen Fasern und der Unterschied zwischen den längsten und den kürzesten Fasern ist wesentlich größer als bei Baumwolle. Das Kämmen wird deshalb auch nicht wie bei der Baumwolle nur für feine Garne oder in Sonderfällen, wo an die Garne besondere Anforderungen gestellt werden, vorgenommen, sondern allgemein. Nebenstehende Abbildung zeigt die Faserlängenverteilung in einem ungekämmten Wollband. Alles, was unterhalb einer bestimmten Länge ist, wird durch die Kämmmaschine als Kämmling ausgeschieden, zusammen mit den noch im Band befindlichen pflanzlichen Teilen. Die Abbildung zeigt auch das Schaubild der Faserverteilung im gekämmten Band. Es zeigt sich, daß die Zone der kurzen Fasern wesentlich verringert wurde.

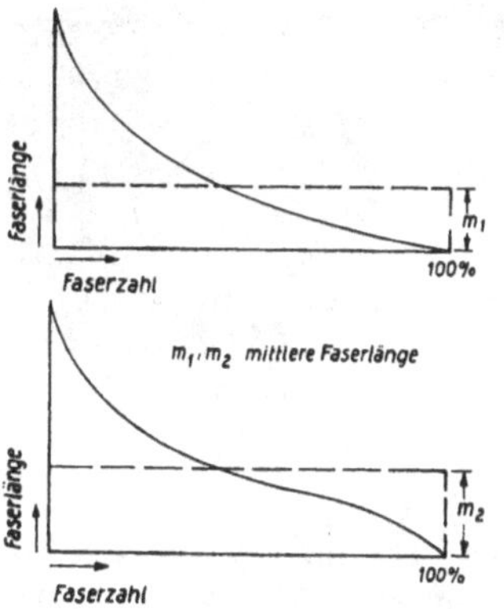

Abb. 32.
Oben: Faserschaulinie eines ungekämmten,
unten: eines gekämmten Bandes.

Die grundsätzliche Wirkungsweise der Kämmmaschine in der Baumwoll- und der Wollspinnerei ist die gleiche. Äußerlich besteht ein Unterschied darin, daß in der Kammgarnspinnerei die Kämmaschine nur eine Kämmstelle, in der Baumwollspinnerei jedoch mehrere Kämmstellen nebeneinander hat.

Die Übertragung des Arbeitsprinzips des Kämmens auf die Maschine geschieht folgendermaßen: Durch eine Speisevorrichtung wird der vorbereitete Wickel in der Baumwollspinnerei oder die Lage nebeneinander liegender Bänder in der Kammgarnspinnerei, in die Maschine eingezogen. Die Zange als Haltevorrichtung hält den aus dem Band ragenden Faserbart fest. Die Nadeln eines Rundkammes, das sind mehrere kreisförmig an einer Walze angebrachte Kämme, durchkämmen nun den aus

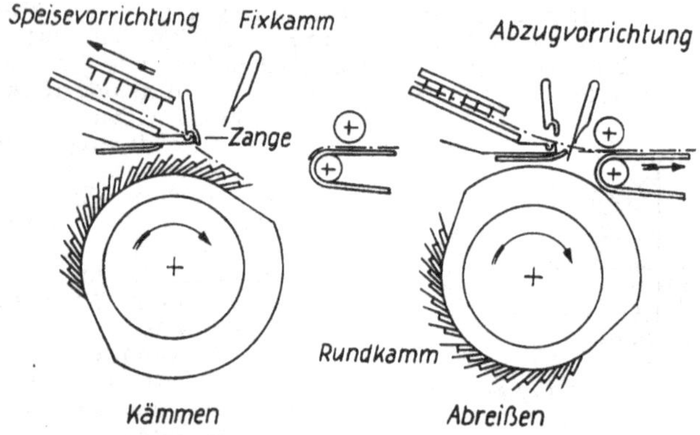

Abb. 33. Arbeitsweise der Kämmaschine.

der Zange herausragenden Faserbart, wobei sie die kurzen, nicht von der Zange erfaßten, Fasern herauskämmen und mitnehmen. Nachdem der letzte Kamm den Bart durchkämmt hat, sticht der Vorstechkamm vor der Zange in den Faserbart ein. Die Zange öffnet sich und die nun herangeführte Abzugsvorrichtung ergreift den durchgekämmten Faserbart und zieht diesen durch den Vorstechkamm hindurch, wobei der rückwärtige Teil des Bartes aus der Vorlage heraus und durch diesen Kamm hindurchgezogen wird. Der abgezogene Faserbart wird zum Teil auf den vorher abgezogenen Bart aufgelegt, damit aus den einzelnen Bärten wieder ein Band gebildet wird. Dieser Teilarbeitsgang ähnelt dem Anlegen der Langfaser in der Bastfaserspinnerei. Während des Abziehens des Faserbartes wird die Faservorlage etwas nach vorwärts geschoben, so daß ein neuer Faserbart nach dem Abziehen des vorhergehenden zum Kämmen bereit steht. Bei langen Fasern in der Kammgarnspinnerei kann das Abziehen noch durch zwei schwingende Schienen, den Unter- und Obersäbel, unterstützt werden.

Die Kämmaschine in der Baumwollspinnerei arbeitet grundsätzlich nach demselben Arbeitsprinzip, wobei eine Anpassung an die durch die anderen Fasern geschaffenen Gegebenheiten erfolgt.

Die kurzen, in den Kämmen befindlichen Fasern, die Kämmlinge, müssen aus den Kämmen herausgenommen werden, ehe diese den nächsten Faserbart durchkämmen. Das geschieht durch eine Bürstwalze, deren Umfangsgeschwindigkeit größer ist, als die der Kämme, so daß die Bürsten die Fasern aus den Nadeln herausstreifen. Sie schlagen diese dann in eine mit Nadeln besetzte Walze ein, aus der sie durch den Hacker wie beim Abnehmer an der Karde bzw. an der Hechelmaschine abgenommen werden.

Es tritt beim Kämmen eine Trennung in Fasern oberhalb einer bestimmten einstellbaren Länge ein, die in der Kammgarnspinnerei weiter verarbeitet werden und in kürzere Fasern, den Kämmling, der in der Streichgarnspinnerei zur Verarbeitung kommt. Bei den feinen Wollen werden im allgemeinen alle Fasern herausgekämmt, die 20 mm und kürzer sind. Der Anteil dieser kurzen Faser kann je nach der Herkunft der Wolle und dem Körperteil, auf dem die Wolle wuchs, verschieden groß sein. Bei Schwankungen zwischen 3 und 25 v. H. liegt das Mittel etwa um 13 bis 18 v. H. Je länger die kürzeste Faser im Kammzug sein soll, desto mehr Kämmlinge müssen ausgekämmt werden und umgekehrt.

Das am Kammstuhl gebildete Band besteht aus einzelnen, sich jeweils überlappenden Faserbärten. Das Band hat dadurch noch nicht viel Halt, so daß es nach einem Auffangen in Kannen aus diesen auf der nächsten Maschine nur herausgezogen werden kann, indem es angetriebene Leitrollen führen. Die Gleichmäßigkeit des Bandes ist durch die Art seiner Bildung ebenfalls unbefriedigend, und es muß zunächst dafür gesorgt werden, daß es vergleichmäßigt wird. Das geschieht durch ein Nachstrecken auf einer Nadelstabstrecke, die, da die Bänder aus Kannen bzw. Töpfen der Strecke zulaufen, Topfstrecke genannt wird. Wesentlich für die Arbeitsweise dieser Maschine ist eine sehr hohe Dopplung zum Zwecke der Vergleichmäßigung.

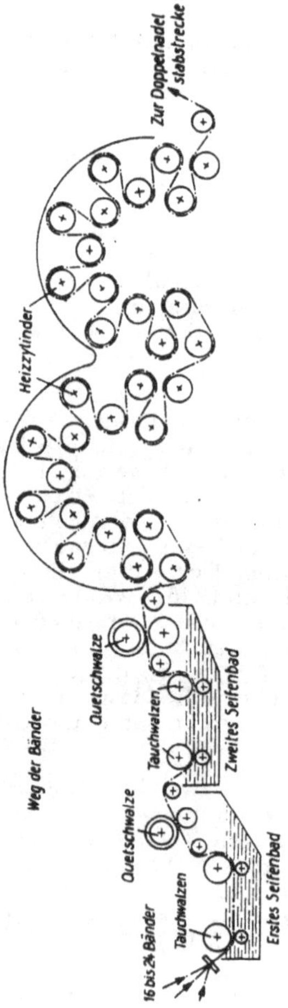

Abb. 34. Arbeitsweise der Plätte (Liseuse).

f) Das Plätten

Die Wollhaare haben in dem Band zum Teil noch die natürliche Kräuselung, wozu noch Krümmungen kommen, die vom Trocknungsprozeß herrühren, den die Fasern nicht in gestreckter Form durchlaufen, die aber beim Verspinnen hinderlich sind.

Beim Durchlaufen der Bänder durch die Strecken strecken sich die Fasern, nehmen aber nach der Entspannung die alte Form wieder an. Dieses Bestreben der Faser, in die frühere Form wieder überzugehen, kann beseitigt werden, wenn sich die Haare längere Zeit in gestrecktem Zustand befinden. Dazu wären aber lange Zeiten erforderlich. Schneller läßt sich das in nassem Zustand erreichen, wenn die Fasern gestreckt getrocknet werden. Diese Arbeit übernimmt die Plättmaschine oder Liseuse. In die Maschine werden etwa 20 Bänder bandförmig nebeneinander liegend eingeführt. Sie durchlaufen zunächst zwei Waschtröge. Eine Reinigung der Faser ist nicht beabsichtigt, es wird aber der Ölzusatz ausgewaschen, der zur Durchführung des Krempelns gegeben wurde. Nach Beendigung jedes Waschbades werden die Bänder durch Preßwalzen abgequetscht. Das Trocknen erfolgt durch Herumführen der Bänder durch eine Reihe von geheizten umlaufenden Trockenzylindern. Bei diesem Trocknen darf keine Faserschädigung eintreten, die besonders für die Faser möglich ist, die unmittelbar auf den heißen Zylindern aufliegen, während die Fasern, die innen in den Bändern liegen, nur geringeren Trocknungstemperaturen ausgesetzt sind. Damit die an den Trockenzylindern anliegenden Fasern nicht übertrocknet werden, sind die Trockentemperaturen niedrig. Die Zylinder werden zur Faserschonung noch ummantelt. Hierdurch muß deren Zahl allerdings erhöht werden.

Da bei Stillstandszeiten trotzdem Beschädigungen eintreten können, sind auch Maschinen mit reiner Lufttrocknung gebaut worden, bei denen die Bänder über perforierte Zylinder laufen, durch die von innen her warme Luft strömt. Die Maschine kann aber die Kräuselung nicht im wünschenswerten Maße beseitigen und wird deshalb nur in Sonderfällen verwendet.

Mit der Plättmaschine ist eine Nadelstabstrecke zusammengebaut. Nur dadurch, daß die eingeführten Bänder anschließend an das Trocknen verzogen werden, ist es möglich, ihre Zahl groß zu nehmen. Auch etwaige leichte Verfilzungen zwischen den Fasern lösen sich im Nadelfeld wieder auf.

Mit dem Verlassen der Plätte sind die Arbeitsgänge der Kämmerei an sich beendet, es findet gegebenenfalls noch eine letzte Strecke Anwendung, deren Aufgabe es ist, dem Kammzug das gewünschte Metergewicht zu geben.

Der Kammzug ist Handelsprodukt, die Kämmerei also ein in sich geschlossenes Unternehmen. Die hülsenlosen Spulen werden in Ballen gepreßt, damit sie für den Transport und für eine etwaige Lagerung möglichst geringen Raum einnehmen.

III. Die Kammgarnspinnerei

a) Die Vorspinnerei

1. Allgemeines über die Vorspinnerei

Die Kammgarnspinnerei erhält von der Kämmerei ihre Kammzüge mit der Faserfeinheit und Faserlänge, die sie für ihre Spinnsysteme und für die beabsichtigten Garnqualitäten und Garnfeinheiten benötigt. Sie verarbeitet selten einen Kammzug für sich allein, sondern mischt mehrere zusammen, um die Faserverteilung im Garn zu erhalten, die für die Handelsqualitäten der Garne erforderlich ist. Das Mischen mehrerer Kammzugpartien gibt größere einheitliche Spinnpartien.

Die erste Abteilung der Kammgarnspinnerei ist die Vorspinnerei. Ihre Aufgabe besteht darin, die Kammzüge zu verfeinern, wobei der Vergleichmäßigung der Bandstärke wie in jedem anderen Spinnereizweig Beachtung geschenkt werden muß. Die Durchmischung der einzelnen Kammzüge muß so intensiv erfolgen, daß die Fasern vollkommen gleichmäßig vermischt sind. Eine unter Umständen anfänglich vorhandene Streifigkeit muß vollkommen verschwinden, so daß die Garne bei einem späteren Färben trotz verschiedener Färbeeigenschaften der verarbeiteten Kammzüge eine gleichmäßige Tönung erhalten. Das ist aber nur gewährleistet, wenn die Fasern im Garnquerschnitt das gleiche Mischungsverhältnis aufweisen, das bei der Zusammenstellung der Partie angewendet wurde. Diese innige Durchmischung erfordert eine verhältnismäßig große Anzahl von Strecken, die eine ausreichende Zahl von Gesamtdopplungen zulassen und deren Zahl zwischen 7 und 12 liegt. Hierüber hinaus besteht die Aufgabe der Vorspinnerei darin, das Kammzugsband so weit zu verfeinern, daß ein für die Feinspinnmaschine geeignetes Band entsteht, was auf den aufeinanderfolgenden Strecken stufenweise erreicht wird.

In der Praxis der Kammgarnspinnerei haben sich mehrere Vorspinnverfahren herausgebildet, die, in verschiedenen Ländern entwickelt, sich für die Verarbeitung bestimmter Faserfeinheiten und Längen als geeignet erwiesen haben.

Das französische Vorspinnverfahren verzichtet vom Kammzug bis zur Feinspinnmaschine bei der Verfeinerung auf eine Drehungserteilung und ist für Wollen geeignet, die so viel Kräuselung besitzen, daß die feinen Bändchen durch Erteilung eines sogenannten „falschen Drahtes" genügende Festigkeit für das Überführen von einer Maschine zur anderen erhalten.

Das englische Vorspinnverfahren kommt für gröbere Wollen in Frage, die wenig oder keine Kräuselung besitzen. Bei ihm werden die Bänder durch Drehungserteilung gefestigt.

Das deutsche Vorspinnverfahren findet Anwendung auf gewisse mittlere Wollqualitäten, bei denen bei groben Bändern der falsche Draht zur Festigung genügt. Bei fortschreitender Verfeinerung reicht jedoch die Kräuselung nicht mehr aus, um zusammen mit dem falschen Draht eine genügende Festigung zu gewährleisten, weshalb in diesem Stadium der Verfeinerung echte Drehung verwendet wird.

2. Das französische Vorspinnverfahren

Zwischen den belasteten Zylinderpaaren, welche den Verzug bewirken, verwendet man zur Faserführung bei groben oder mittelfeinen Bändern jetzt nur noch das Doppelnadelstabstreckwerk, für mittelfeine Bänder das einfache Nadelstabstreckwerk und bei feinen Bändern die Nadelwalze, die früher auch für mittelfeine oder sogar grobe Bänder verwendet wurde, aber durch die geeigneteren Hechelfelder konstruktiv abgelöst wurde. Die Nadelstabstrecke gestattet bei höherem möglichem Verzuge eine höhere Dopplung, so daß durch deren Einsatz auch die Zahl der Strecken verringert werden konnte. Im allgemeinen setzt sich ein System etwa folgendermaßen zusammen: 2—3 Doppelnadelstabstrecken, 2—3 Einfachnadelstabstrecken und 3 Nadelwalzenstrecken.

Die erste Strecke besitzt eine Schmälzvorrichtung. Ebenso wie beim Krempeln ist es für die Beanspruchung der Fasern bei den verschiedenen Verzugsvorgängen günstig, wenn sie geschmeidig sind. Das Öl, das die Fasern vor dem Krempeln aufgenommen hatten, wurde aber beim Lisieren herausgewaschen. Es wird deshalb eine Schmälze auf die Faser gebracht. Sie besteht aus in Wasser emulgiertem Öl oder auch aus wasserlöslichem Mineralöl. Die Wasserlöslichkeit ist erforderlich, damit beim späteren Färben und Ausrüsten keine Störungen auftreten. Die Schmelzen werden fertig geliefert und gegebenenfalls mit Wasser verdünnt. Sie wird in einem solchen Prozentsatz auf die Faser gegeben, daß der Fettgehalt auf der Faser $^1/_2$ bis 1 v. H. beträgt. Mit höherem Fettgehalt geschmälzte Wolle neigt zum Wickeln auf den Strecken. Das Wasser geht beim Durchgang durch die Strecken teilweise wieder verloren. Es bewirkt aber, daß die beim Verziehen durch die Reibung der Fasern aneinander entstehende Elektrizität abgeleitet wird.

Die der ersten Strecke vorgelegten schweren Spulen laufen in einem Abrollrahmen auf geriffelten Holzwalzen ab.

Die leichteren Spulen der nächsten Strecken laufen in einem Aufsteckrahmen auf senkrechten Aufsteckspindeln ab, deren Spitzen sich in Porzellannäpfchen drehen, so daß der Bandzug zum Abwickeln sehr gering ist.

Die Kämme im Nadelfeld bewegen sich etwas langsamer vorwärts, als die Fasern eingeliefert werden, damit das Band lose gehalten wird und die Nadeln leicht ins Band einstechen können. Bei Doppelnadelstabstrecken beginnt das obere Nadelfeld bei einigen Bauarten später als das untere, so daß dessen Nadeln erst etwas später in das Band einstechen als die des unteren Nadelfeldes.

Damit die Fasern vom Streckzylinder zuverlässig erfaßt werden, sind diese geriffelt. Um die Klemmstelle elastisch zu gestalten, läuft ein Laufleder um den Unterzylinder. Bei den feineren Strecken bestehen die oberen Druckwalzen aus Holz oder Eisen, die mit Filz oder Pergamentpapier umwickelt sind.

Die vom Streckzylinder abgelieferten Bänder werden auf Kreuzwickel aufgespult. Um die Bänder in geschlossener Form aufzuwickeln und damit sie beim Auf- und Abwickeln nicht reißen, haben die Nadelstabstrecken Drehtrichter, die dem Bande eine unechte (falsche) Drehung dadurch geben, daß sie sich abwechselnd links- und rechtsherum drehen, so daß das Band abwechselnd auf kurze Strecken Drehung in der einen oder anderen Richtung erhält.

Bei den Nadelwalzenstrecken kann die Rundung des Bandes auch durch Nitscheln erreicht werden. Zwischen dem vorderen Zylinder und der Wickelwalze befindet sich das Nitschelwerk, das aus 2 Lederhosen besteht, die

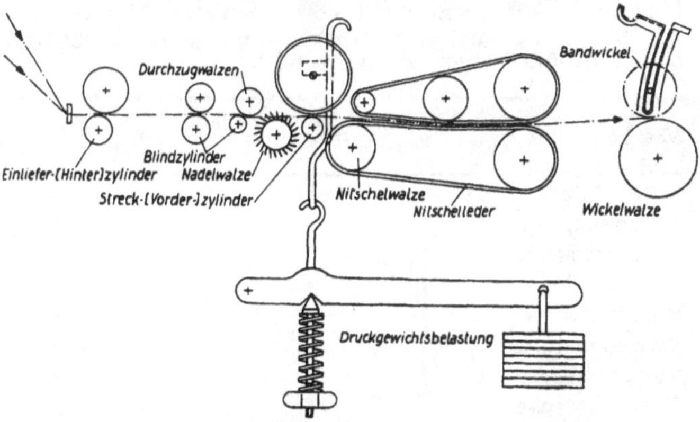

Abb. 35. **Nadelwalzen-Nitschelstrecke.**

neben der Umlaufbewegung eine hin- und hergehende Bewegung ausführen. Meist genügt die Nitschelung, um ein rundes geschlossenes Band zu erhalten. In besonderen Fällen kann darüber hinaus auch der Drehtrichter Anwendung finden. Wenn die Bänder feiner geworden sind, werden sie auf Nadelwalzenstrecken verfeinert. Diese besitzen zur Führung der Fasern zwischen den Einliefer-(Hinter-)Zylinder und dem Streck-(Vorder-)Zylinder eine Nadelwalze. Die Faserführung ist derjenigen der Hechelfeldstrecke nicht gleichwertig, weshalb diese, soweit es konstruktiv möglich ist, verwendet werden. Die feinen Bänder benötigen aber eine dichte Benadelung, die bei Nadelwalzen ohne weiteres möglich ist. Je nach Band- und Wollfeinheit haben die Nadelwalzen 10 bis etwa 50 Nadeln je Quadratzentimeter.

Auf den letzten Strecken werden zwei Bänder nebeneinander verzogen, die gemeinsam auf die Spule aufgewickelt werden.

Da die letzten Strecken im Verhältnis zu den ersten Strecken sehr viel Ablieferstellen brauchen und die Maschinen dadurch sehr lang werden würden, wird die notwendige Zahl der Ablieferungen eines Streckdurchganges auf mehrere Maschinen aufgeteilt. Jede dieser Maschinen übersteigt nicht eine gangbare Länge. Für die Maschinenzahl und deren Größe geben folgende beiden Aufstellungen Anhaltspunkte:

Maschine:		Ablieferungenzahl	Maschinenzahl	Verzug	Dopplungen
1. Nadelstabstrecke		4	1	8	6
2. Nadelstabstrecke		6	1	8	4
Grobstrecke	*)	8	1	4	4
Grobstrecke	*)	7	1	4	2
Halbgrobstrecke	*)	14	1	4	2
Zwischenstrecke	*)	13	1	4	2
Vorfeinstrecke	*)	25	1	4	2
Vorfeinstrecke	*)	38	2	4	3
Feinstrecke	*)	50	2	4	3
Feinstrecke	*)	100	4	4	2

*) Nadelwalzenstrecken.

oder:

Doppelnadelstabstrecke		4	1	8	6
Doppelnadelstabstrecke		6	1	8	4
Doppelnadelstabstrecke		5	1	7	4
Grobnadelstabstrecke		5	1	6	3
Feinnadelstabstrecke		16	1	6	2
Vorfeinstrecke	*)	38	2	4	2
Vorfeinstrecke	*)	50	2	4	3
Feinstrecke	*)	100	4	4	2

*) Nadelwalzenstrecken.

3. Das englische Vorspinnverfahren

Sein äußeres Kennzeichen ist, daß die Bänder auf den Strecken echte Drehung erhalten.

Die ersten Strecken sind Nadelstabstrecken, bei denen die Bänder in Drehtöpfe oder feststehende Kannen abgeliefert werden. Die weiteren Strecken sind sogenannte Spindelstrecken. Sie besitzen wie die vorhergehenden Strecken Nadelstäbe, das Band wird jedoch gedreht auf Spulen aufgewickelt. Die Drehungserteilung und das Aufwickeln geschieht in derselben Art wie bei der Flügelspinnmaschine, nur mit dem Unterschied, daß die Abmessungen des Flügels und der Spule in Anpassung an das stärkere Band wesentlich größer sind.

Es folgen dann Strecken, die nicht mehr mit Nadelstäben arbeiten, sondern die wie die Flyer der Baumwollspinnerei mehrere gedrehte Bänder nebeneinander verziehen, um sie wie bei den vorhergehenden Maschinen auf Flügelspindeln mit nachgeschleppter Spule zu drehen und aufzuwinden.

Auf der letzten Maschine ist das Band zu fein, als daß es die Spulen noch bei der erteilten losen Drehung nachschleppen könnte. Die Spule wird deshalb angetrieben, wie es bei dem Baumwollflyer und der Vorspinnmaschine in der Bastfaserspinnerei der Fall ist. Hinsichtlich der Drehzahlhöhe von Spindel und Spule zueinander wird die nacheilende Spule verwendet. Für die Verarbeitung gibt folgendes Beispiel Aufschluß:

Maschine:	Maschinenzahl	Ablieferungenzahl	Verzug	Dopplungen
Nadelstabstrecke	1/2	1	7	9
Nadelstabstrecke	1/2	1	7	7
Nadelstabspindelstrecke	1	2	6	4
Spindelstrecke (Dandy)	1	2	6	6
Spindelstrecke (Dandy)	1	2	6	6
Spindelstrecke (Dandy)	1	4	7	4
Spindelstrecke (Dandy)	1	10	7	4
Flyer (Dandy Rover)	2	48	7	2

4. Das deutsche Vorspinnverfahren

Es gibt kurze, feine Wollsorten mit wenig Kräuselung, für welche sich das französische Verfahren nicht durchweg eignet. Solche Wollen brauchen eine gute Führung im Streckfeld, damit die Bänder gleichmäßig werden. Während die groben Bänder bei solchen Wollen die Spulen noch ohne Drehung im Band nachziehen können, ist dies bei feineren Bändern nicht mehr möglich und sie brauchen dafür eine Drehung.

Solche Wollen werden auf den ersten Streckdurchgängen nach dem französischen Verfahren verarbeitet, danach folgen Maschinen der englischen Vorbereitung, so daß dieses Vorbereitungsverfahren sich die Eigenheiten beider Verfahren zunutze macht. Die Maschinen, welche die Bänder auch drehen, arbeiten mit einem Nadelwalzenstreckwerk und mit angetriebener Spule, also dem Prinzip des Flyers oder der Vorspinnmaschine. Diese Maschine und damit die ganze Maschinenkombination wird verwendet, wo es die Wollsorte erfordert und diese sich nicht nach dem einen oder anderen Verfahren vorteilhaft verarbeiten läßt.

5. Die Buntspinnerei

Kammzüge lassen sich in der Kammgarnspinnerei in ihrer natürlichen Färbung, d. i. rohweiß, wie auch gefärbt verarbeiten. Die Maschinen für die Buntspinnerei sind dieselben wie in der Rohweiß-Spinnerei. Um absolut gleiche Farbtöne zu erhalten, werden die gefärbten Kammzüge in der Vormischerei auf Strecken gemischt. Diese vorgemischten Züge durchlaufen den gewöhnlichen Arbeitsgang.

Das Verarbeiten von kammzuggefärbtem Material hat gegenüber dem Färben des fertigen Garnes den Vorteil, daß größere Mengen vollkommen gleiche Farbtöne erhalten. Durch Mischen verschiedenfarbiger Kammzüge entstehen sog. Melangen.

b) Die Feinspinnerei

Von den verschiedenen Spinnmaschinentypen werden in der Kammgarnspinnerei die Ringspinnmaschine und die ihr ähnliche Glockenspinnmaschine, in viel geringerem Maße weiter die Flügelspinnmaschine und der Selfaktor verwendet.

1. Die Ringspinnmaschine

Grundsätzlich arbeitet die Maschine so, wie es in der Baumwollspinnerei beschrieben wurde. Das Streckwerk ist den Erfordernissen der Faser angepaßt, die im allgemeinen länger als die Baumwollfaser ist.

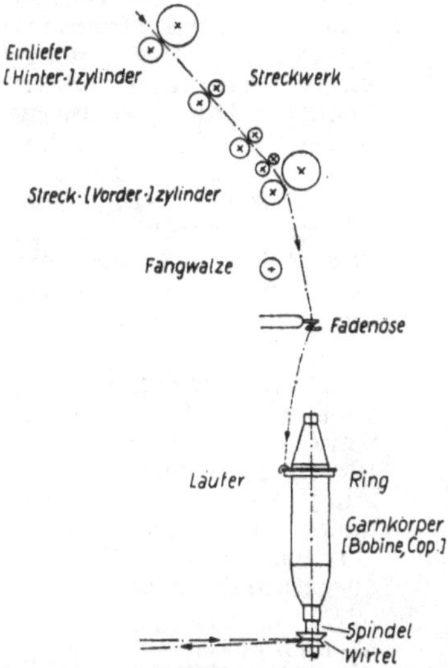

Abb. 36. Ringspinnmaschine.

Früher waren die Streckwerke durchweg 5-Zylinderstreckwerke. Die Druckpunkte des ersten und letzten Zylinders, des Einliefer- und Streckzylinders, sind dabei Klemmpunkte, die der dazwischenliegenden Zylinder-Durchzugspunkte. Die Oberwalzen des Hinter- und Zwischenzylinders werden nicht mit starker Pressung angepreßt, sondern sie liegen nur mit ihrem geringen Eigengewicht auf, das 60 bis 200 g beträgt. Die Druckwalze des Vorderzylinders wird durch Hebelübersetzung belastet. Sie wird im allgemeinen mit einem elastischen Belag versehen, mit Filz und Papier oder Kork bzw. Gummi bezogen, um elastischen Druck auszuüben.

Neben diesem Streckwerk sind eine Reihe anderer Streckwerke entwickelt, die, ähnlich wie bei den Streckwerken für Baumwolle mit Riemchen arbeiten und den Zweck verfolgen, höhere Verzüge bei gleichmäßigem Verziehen zu geben.

Eines der zuletzt entwickelten Streckwerke arbeitet auch mit einer gekrümmten Verzugslinie. Die Fasern werden im Streckfeld um eine große Walze geführt, an welche sie mittels eines Bandes angedrückt werden. Ein gleich gebautes Streckwerk wird auch für Strecken erprobt.

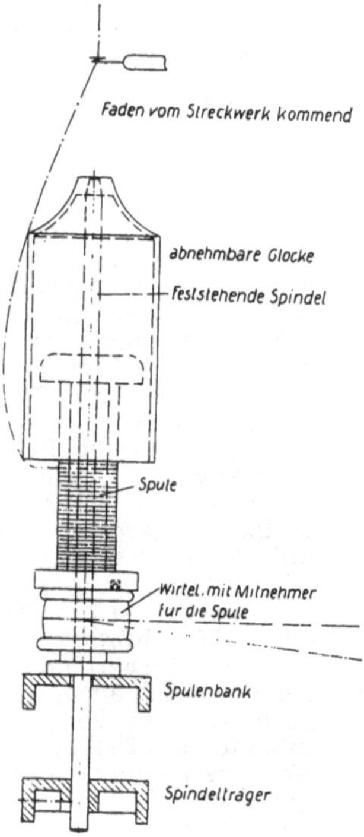

Abb. 37. Glockenspindel.

Die Drehungserteilung und Aufwindung geschieht wie bei der Baumwollringspinnmaschine. Man verwendet vielfach sog. selbstschmierende Spinnringe, bei denen man ohrförmige Läufer benutzt. Die Ringdurchmesser sind bei groben Garnen größer, die Läufer schwerer. Die Garnkörper der Bobinen sind etwa 190 bis 320 mm hoch bei einem Durchmesser von 40 bis 50 mm.

Die Spindeln stehen meistens senkrecht oder sie sind leicht zum Streckwerk hin geneigt, etwa 10°. Die Streckwerksneigung beträgt im allgemeinen 45°, auch Neigungen von 30° bis 55° sind ausgeführt worden.

2. Die G l o c k e n s p i n n m a s c h i n e kann als eine Abart der Ringspinnmaschine angesehen werden. Die Bremsung des Fadens findet hier durch seine Reibung am unteren Rand der Glocke statt. Da die Glocke stets gleichen Abstand vom Streckzylinder hat, weil sich die Spinnspule im Inneren der Glocke auf- und abbewegt, ist der

Fadenballon immer gleich. Die Reibung am unteren Glockenrand ist gering und erreicht erst bei verhältnismäßig großen Drehzahlen eine ausreichende Größe. Der Faden bildet einen stark kegeligen Ballon, weshalb zwischen den Spindeln Trennwände angebracht sind, sogenannte Antiballonvorrichtungen, damit die Fäden benachbarter Spindeln nicht aneinanderschlagen.

Die Glocke steht still, Antrieb erhält die auf der Spindel sitzende Messinghülse mit dem Wirtel.

Auf der Glockenspinnmaschine gesponnene Garne sind sehr glatt. Die Maschine hat in Deutschland keine große Verbreitung finden können.

3. Die Flügelspinnmaschine wird in der Kammgarnspinnerei im Verhältnis zur Ringspinnmaschine in geringerem Umfang benutzt und vor allem im englischen System. Die Garne werden glatt und rund. Die Streckwerke sind wie die der Ringspinnmaschine ausgebildet, Drehungserteilung und Aufwindung erfolgt wie bei den Bastfasergarnen. Die Maschine wurde früher zur Herstellung von groben Garnen verwendet, ihre Anwendung wurde aber durch die Entwicklung der Ringspinnmaschine immer weiter eingeschränkt.

Die Vorteile der Maschine liegen unter anderem darin, daß die Strecke vom Streckzylinder bis zur Flügelöse stets gleich groß ist. Trotz dieser gleichbleibenden Spinnstrecke ist die Gleichhaltung des Fadenzuges, die an sich für Wollgarne wesentlich ist, nicht gegeben, da die leere und volle Spule eine andere Kraft zum Nachschleppen erfordert und auch abgebremst wird. Die Spindelzahl ist nach oben beschränkt, da der schwere Flügel mit gedreht werden muß. Die Ringspinnmaschine, die auch rein arbeitstechnisch der Flügelspindel überlegen ist, hat der Flügelspindel nur noch ein beschränktes Arbeitsgebiet belassen.

4. Der Selfaktor wird in der Kammgarnspinnerei bei vorhandenen Anlagen noch verwendet, neue Anlagen erhalten auch hier Ringspinnmaschinen. Diese hat einen großen Teil der Garne übernommen, die früher auf dem Selfaktor gesponnen wurden. Es waren dies

sehr lose gedrehte Garne, solcher großer Feinheit und solche, an die große Anforderungen hinsichtlich der Gleichmäßigkeit gestellt werden. Auch ein Teil dieser Garne wird heute bereits auf der Ringspinnmaschine gesponnen.

Der Aufbau der Maschine ist grundsätzlich der gleiche wie bei der Baumwollspinnerei beschrieben. Das Streckwerk ist den Erfordernissen der anderen Faser angepaßt; die Arbeitsphasen sind die gleichen. Streckwerksverzug kann mit Wagenverzug kombiniert werden, indem der Wagen etwas schneller ausfährt, als das Streckwerk liefert. Es werden dabei die dickeren, noch verzugsfähigen Stellen verzogen und auf diese Weise die Gleichmäßigkeit verbessert. Die Drehung kann bei Beendigung der Ausfahrt voll erteilt sein, sie kann aber auch teilweise während der Ausfahrt und der Rest nach beendeter Ausfahrt vor dem Abschlagen erteilt werden, wobei sich die Spindeln bei stillstehendem Wagen drehen.

c) Das Fachen und Zwirnen

Das Fachen oder Doublieren

Die auf der Spinnmaschine gesponnenen Garne können unmittelbar zum Versand gebracht werden, ein großer Teil wird aber bereits in den Spinnereien oder in den Verarbeitungsbetrieben gezwirnt. Das kann unmittelbar von den gesponnenen Garnkörpern geschehen, es ist aber vor allem üblich, die Garne erst in der Fadenzahl, in der sie in den Zwirn kommen sollen, parallel auf Kreuzspulen (früher auch auf Scheibenspulen) aufzuspulen. Dieses Doublieren ist keine selbständige Produktionsphase an sich, es erhöht aber die Qualität und kann die Leistung der nachfolgenden Zwirnmaschine steigern.

Die Arbeitsweise der Maschine ist einfach. Es werden Spinnkörper nebeneinander in der Fadenzahl des Zwirnes aufgesteckt, die Fäden durch einen Fadenführer und einen Fadenreiniger geführt, sodann über eine Fadenbremse, welche die Spannung gleichgroß hält, zur Spule. Durch die Fadenreiniger, die auf eine der Garnnummer eigene Schlitzstellung eingestellt werden können, tritt eine Qualitätsverbesserung ein, da dicke Stellen Fadenrisse verursachen, um dann ausgeknotet zu werden. Auch dünne Stellen werden reißen, und werden ebenfalls ausgeknotet.

Wichtig ist, daß stets die erforderliche Fadenzahl vorhanden ist. Es sind hierfür Abstellvorrichtungen, sogenannte Fadenwächter, vorgesehen, welche die Kreuzspule nach Reißen eines Fadens stillsetzen.

Das Zwirnen

Ein Zwirn besteht aus mehreren Einzelfäden, die meistens entgegengesetzt der Garndrehung zusammengedreht sind. Ein einfacher Faden in der Zwirndicke hätte nicht die Festigkeit wie der Zwirn, er hätte auch das Bestreben zum Aufdrehen, das der Zwirn durch die entgegengesetzte Drehung von Faden und Zwirn zum Teil verloren hat, außerdem sind mit einem Zwirn infolge der anderen Faserlage besondere Effekte zu erzielen.

Wenn der Zwirn entgegengesetzt der Fadendrehung gedreht wird, dreht sich der Einzelfaden im Zwirn um den Betrag der Zwirndrehung auf und wird dadurch fülliger. Die Höhe der Zwirndrehung richtet sich bei Wollgarnen nicht nach der erzielbaren größten Festigkeit, sondern danach, welchen Charakter der Zwirn für seine Verwendung erhalten soll.

Webgarne werden meistens 2fach, höchstens 3fach,

Strick- und Wirkgarne dagegen werden bis 6fach und in Sonderfällen aus noch mehr Fäden zusammengezwirnt.

Zwirnmaschinen können zum Arbeiten von Spinnkörpern und zum Arbeiten von vorgefachten Kreuzspulen eingerichtet sein. Beim Arbeiten von Spinnkörpern sieht man eine Abstellvorrichtung vor für den Fall, daß ein Faden reißt. Beim Ablauf der vorgefachten Fäden von der Kreuzspule ist die Fadenzahl gesichert, so daß eine Sicherung hier nicht mehr erforderlich ist.

Die Maschine gleicht einer Spinnmaschine. An Stelle des Streckwerkes ist nur ein Lieferzylinder getreten, der an der Stelle des Streckzylinders sitzt.

Die Ausbildung der Spindel ist gleich derjenigen der Spinnmaschine, wobei die Abmessungen größer gewählt werden, damit genügende Zwirnlängen auf den Spinnkörper gehen. Anwendbar ist das Arbeitsprinzip der Ring- und der Flügelspindel.

Eine besondere Art der Zwirnmaschine ist die Effektzwirnmaschine. Während bei den gewöhnlichen Zwirnen darauf Wert gelegt wird, daß die Einzelfäden mit gleicher Spannung in den Zwirn kommen, damit sie alle in ihm gleiche Länge haben, sollen Effekt- oder Phantasiezwirne besondere Wirkungen erzielen. Als einfachste Art eines Effektzwirnes, der den Übergang von gewöhnlichen zum Effektzwirn darstellt, ist der Mouliné-Zwirn zu nennen, der in seiner einfachsten Ausführung aus 2 verschiedenfarbigen Garnen besteht. Hierzu dienen gewöhnliche Zwirnmaschinen.

Werden die Fadenlängen der Einzelfäden im Zwirn verschieden, entstehen die verschiedenartigsten Effekte. Die hierzu notwendigen Zwirnmaschinen arbeiten mit zwei Lieferzylindern, deren Umfangsgeschwindigkeit getrennt regelbar ist, ferner noch mit schwingenden Führungsorganen, durch die die Zulieferung eines Zylinders unregelmäßig in den Zwirn verteilt werden kann. Dadurch kann zum Beispiel erreicht werden, daß sich zwei Fäden abwechselnd umeinander wickeln, wobei die Fäden nach einer stets gleichbleibenden Länge ihre Lage ändern, und der Faden seine Farbe wechselt. Ein solcher Vorzwirn mit einem dünnen Einzelfaden wieder in entgegengesetzter Richtung zusammengezwirnt, ergibt einen perlartigen Effekt. Die Zahl der Möglichkeiten der Herstellung sind äußerst verschieden, Normen können nicht aufgestellt werden.

d) Nachbearbeitung von Garnen und Zwirnen

Zwirne können für die weitere Verarbeitung und zum Versand gehaspelt werden. Diese Strangform gestattet den Versand, ohne daß Leergut an Spulen oder Hülsen befördert werden muß. Die handelsmäßige Aufmachung von Handarbeitsgarnen ist ebenfalls der Strang.

Die gesponnenen oder gezwirnten Garne können je nach Wunsch des betreffenden Bestellers auf Papierhülsen, sogenannten Kopsen oder Bobinen, zum Versand gebracht werden oder sie werden für Webereien, um größere Garnlängen zu erhalten, auf Kreuzspulen umgespult.

Strickgarne werden meist in Strangform zur Ablieferung gebracht. Zu diesem Zweck wird das Garn auf der Weife gehaspelt. Dabei ist es möglich, in jeden Strang eine ganz bestimmte, stets gleiche Anzahl Fäden zu geben. Der Strang wird in mehrere Gebinde unterteilt, durch die ein Fitzfaden geschlungen wird, der mit den Anfangs- und Endfäden verknotet wird.

Alle Garne haben das Bestreben, die ihnen erteilte, aufgezwungene Drehung wieder freizugeben. Ihre Verarbeitbarkeit würde dadurch beeinträchtigt. Das Bestreben zum Aufdrehen wird durch das Dämpfen beseitigt. In großen eisernen oder gemauerten Kammern wird das Garn unter Dampf mit geringem Überdruck gesetzt.

E. DIE STREICHGARNSPINNEREI

I. Allgemeines über die Streichgarnspinnerei

Ein Streichgarn unterscheidet sich von den anderen Garnen, besonders von Kammgarn, dadurch, daß seine Oberfläche nicht so glatt ist wie bei diesen. Hierzu behalten bei der Verarbeitung von Wolle zu Streichgarn die Fasern die natürliche Kräuselung. Maßgebend für die andere Faserstruktur ist aber auch das Spinnverfahren. Während bei Kammgarn, Baumwollgarn und Bastfasergarnen, um glatte Fäden zu erhalten, die Parallellage der Fasern so weit wie möglich gefördert wird, legt der Streichgarnspinner hierauf keinen Wert, es ist im Gegenteil sogar nicht erwünscht, daß die Faserenden in den Faden eingedreht werden, sondern an die Oberfläche kommen. Die in der Streichgarnspinnerei versponnenen Fasern sind im allgemeinen kürzer als die, welche für die bisher genannten Spinnverfahren in Frage kommen. Durch die Eigenart des Spinnverfahrens sind sie jedoch in der Streichgarnspinnerei zu verarbeiten, während die anderen Spinnverfahren versagen würden. Auf diese Weise ist die Streichgarnspinnerei in der Lage, auch solche Fasern zu verarbeiten, die in den anderen Spinnereizweigen als Abgang oder Abfall bei der Reinigung, beim Kardieren oder beim Kämmen als Nebenprodukt beim Ausscheiden der kurzen Faseranteile aus dem Band entstehen.

Innerhalb der gesamten Streichgarnspinnerei ist ebenfalls eine Anpassung an die verschiedenen Fasergruppen durch die Zahl und Ausgestaltung der Maschinen erfolgt. In großen Zügen sind folgende Gruppen zu unterscheiden:

a) Das Verspinnen von Wolle zu Streichgarn, und zwar als Naturwolle oder als Reißwolle, das sind aufgefaserte Woll-, Strick-, Wirk- und Webwaren.

b) Das Verspinnen von Baumwolle zu Streichgarn, und zwar aus kurzen Baumwollsorten oder guten Abgängen, die bei der Verarbeitung qualitativ hoher Baumwollsorten entstehen oder Baumwollabfälle und Kunstbaumwolle, die durch Auffaserung von Baumwoll-, Strick- und Webwaren entstehen.

c) Die Verarbeitung von Baumwollabfällen zusammen mit Wollfasern in der sog. Vigogne- oder Imitatspinnerei zu Garnen, die dem Wollstreichgarn ähneln.

d) Die Verarbeitung von Seidenabfällen, sog. Bourre in der Bourettespinnerei.

II. Die Verarbeitung von Naturwollen zu Streichgarn

a) Vorbereitung zum Spinnen

Um Naturwollen in der Streichgarnspinnerei verarbeiten zu können, benötigen sie eine Vorbehandlung. Es befinden sich in ihnen in mehr oder weniger starkem Maße pflanzliche Teile, besonders die sog. Kletten. Es sind dies die Fruchtköpfchen von Disteln und Kleearten, die beim Weiden der Tiere in die Haardecke kommen, wo sie sich durch Verfilzen der Wolle festsetzen. Sie sind erbsen- wie bohnengroß.

Harte, feste Kletten werden Stein- oder Nußkletten genannt. Sie lassen sich mechanisch entfernen. Leichtzerbrechliche, zarte Kletten, sog. Ringelkletten, lassen sich mechanisch schwerer entfernen. Geeigneter zu ihrer Entfernung ist das chemische Verfahren, bei dem auch noch andere in der Wolle befindliche Unreinigkeiten, wie Rindenteile, Stroh und Futterteile oder pflanzliche Stengelteile zerstört werden. Diese müssen entfernt werden, da sie beim Spinnen Schwierigkeiten bereiten, das Aussehen der Garne beeinträchtigen und auch die Beschläge der Krempel beschädigen können.

Zum mechanischen Entkletten dient der Klettenwolf. Er besteht aus zwei Trommeln von 400 und 800 mm Durchmesser, von denen sich die erste mit 700, die zweite mit 170 Umdrehungen in der Minute dreht. Gegenüber der ersten Trommel befindet sich ein Rost, durch dessen Spalten die Kletten entfernt werden sollen. Eine vollkommene Entklettung wird nicht erreicht, weshalb vielfach von der Verwendung der Maschine abgesehen wird.

Das chemische Entkletten nutzt das verschiedene Verhalten von Wolle und pflanzlichen Stoffen gegen Säure aus. Schwache Säurelösungen greifen die Wolle kaum an, wirken aber bei höherer Temperatur auf pflanzliche Stoffe zerstörend. Sie entziehen ihnen das Wasser, wodurch eine Art Verkohlung eintritt und die Stoffe brüchig und mürbe werden, so daß sie dann in einer nachfolgenden mechanischen Bearbeitung durch Schlagen und Klopfen leicht zu beseitigen sind. Den Gesamtvorgang nennt man Karbonisieren.

Das billigste Mittel zum chemischen Entkletten ist verdünnte Schwefelsäure, die bei hohen Temperaturen angewendet wird. Während einer kurzen Behandlungsdauer wird die Wolle nicht beschädigt, die pflanzlichen Teile jedoch zerstört. Salzsäuregas ist ebenfalls anwendbar, auch andere Stoffe, die sich beim Erreichen bestimmter Temperaturen unter Abgabe von Salzsäure spalten.

b) Das Mischen und Lockern

Um die Wollbüschel zu lockern, gibt es verschiedene Maschinen. Es ist hier vor allem der Klopfwolf zu nennen, dessen Hauptteile zwei Schlägerwellen sind, die mehrere Reihen von Stäben von 20 bis 25 mm Durchmesser tragen. Die Schlägerstäbe greifen ineinander, wodurch das Auflockern und Öffnen der Wollbüschel gefördert wird. Die Bearbeitung der Wollbüschel erfolgt im Fluge freischwebend in einem abgeschlossenen Raum. Unreinigkeiten, die dabei frei werden, werden durch Rostspalten ausgeworfen.

Sollen sehr verworrene Wollen aufgelockert werden oder solche, die beim Kochen während des Färbens verfilzt wurden, kommt ein Wolf in Frage, wie er in der Wäscherei bei der Kammgarnspinnerei beschrieben wurde und der allein die notwendige Auflockerung bewirken kann.

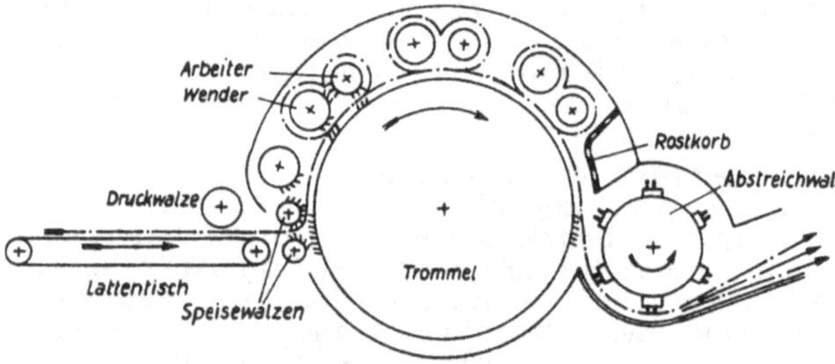

Abb. 38. Krempelwolf.

Die weitere Auflockerung geschieht auf dem Krempelwolf, der nach dem Prinzip der Krempel arbeitet. Die Trommel, die der eines Wolfes ähnelt, arbeitet mit mehreren Arbeiter-Wender-Paaren zusammen, so daß die Auflösung der Büschelchen an diesen Arbeitsstellen noch weiter gefördert wird. Eine schnellaufende Abstreichwalze schleudert die Wollflocken von der Trommel ab. Der Krempelwolf verarbeitet offenes wie auch verworrenes Fasergut in befriedigender Weise durch. Auch Melangen mischt er gut durch, wobei zum restlosen Vermischen mehrerer Posten diese die Maschine gegebenenfalls mehrmals durchlaufen.

Eine Mischung sämtlicher in einer Partie zur Verarbeitung kommender Posten wird nach dem Wolfen angefertigt. Gegebenenfalls können auch Posten, die sich dazu eignen, ungewolft in die Mischung gegeben werden. Eine solche Mischung besteht aus horizontalen Lagen der verschiedenen Anteile, die dann senkrecht abgearbeitet werden, damit eine gute Vermischung erfolgt. Das Fasergut durchläuft den Krempelwolf ein oder mehrere Male.

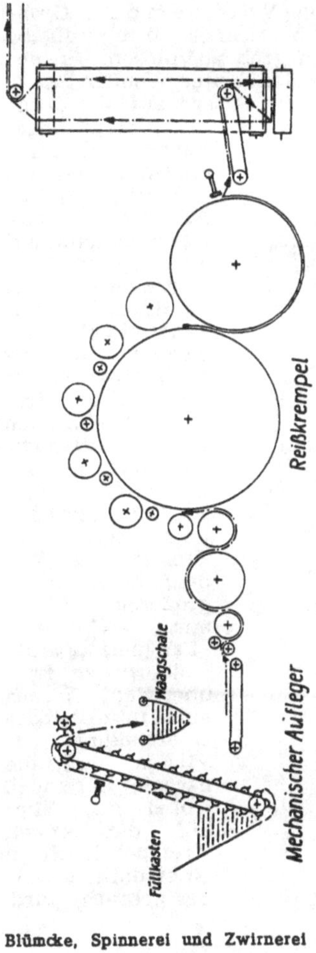

Abb. 39a Dreikrempelsatz.

Ein Schmälzen der Wolle ist auch hier vor dem Krempeln notwendig, um der Faser die erforderliche Geschmeidigkeit zu geben. Als Schmälze dient eine Ölemulsion oder dünnflüssiges Öl. Entweder werden die einzelnen Lagen der Mischung eingesprengt oder die Mischung geht durch eine Einsprengmaschine, bei welcher das Fasergut, das die Maschine in dünner Schicht durchläuft, von der mechanisch feinzerstäubten Schmälze benetzt wird.

c) Das Krempeln

Die wichtigste Arbeit der Streichgarnspinnerei ist das Krempeln. Ein Doppeln und Verstrecken von Bändern findet nach dem Krempeln nicht mehr wie bei den anderen Spinnverfahren statt. Aus diesem Grunde müssen die Vliese der Krempel äußerst gleichmäßig sein, weshalb auf der ersten Krempel sehr gleichmäßig aufgelegt werden muß. Hierfür dient ein mechanischer Auflegeapparat, wie er auch an der Kammgarnkrempel Verwendung findet.

Die erste Krempel wird als Vorkrempel, Grobkrempel oder Reißkrempel bezeichnet. Ihre Aufgabe besteht darin, die Wollflocken grob aufzulösen. An der Trommel befinden sich 4 bis 6 Arbeiter-Wender-Paare. Die Abnehmer-Walze nimmt die Fasern auf, die durch den Volant angehoben werden, und ein Hacker streicht das Vlies aus dem Abnehmer heraus. Das Vlies kann auf eine Pelztrommel weitergehen, auf der durch Übereinanderwickeln ein dichter Faserpelz gebildet wird, der nach Erreichen einer bestimmten Dicke abgenommen und auf der 2. Krempel aufgelegt wird. Statt den Pelz auf einer Trommel zu bilden, kann er in größerer Länge auch auf einen Langpelzapparat übergehen. Es überwiegt jedoch eine unmittelbare Übertragung des Vlieses auf die nächste Krempel, wobei das Vlies auf der ersten Krempel in Form eines flachen Bandes gebracht wird,

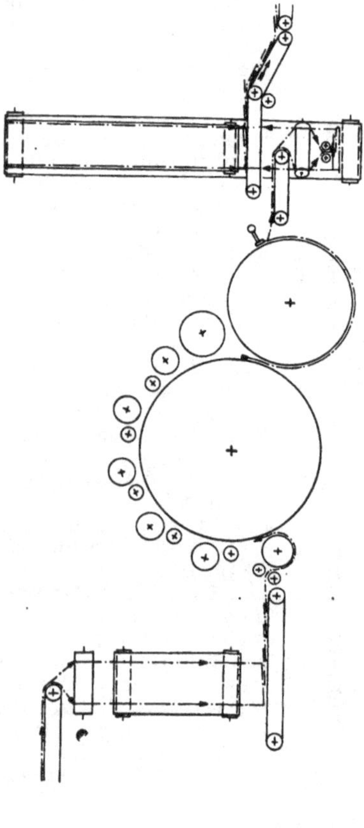

Abb. 39 b. Feinkrempel.

das auf das Auflagetuch der nächsten Krempel quer zur Laufrichtung des Tuches aufgetafelt wird.

Die Mittelkrempel hat feinere Beschläge. Da die Faser bereits weitgehend aufgelöst ist, fehlt die Vorauflösung an der Krempel. Die 3. Krempel, die Fein- oder Vorspinnkrempel, übernimmt das Vlies von der 2. Krempel ähnlich wie diese von der ersten. Die noch feineren Beschläge arbeiten die Faser zum dritten Male durch. Das abgenommene Vlies wird sodann in schmale Streifen geteilt. Die Verfeinerung geschieht hier nicht durch Verziehen, sondern durch diese Teilung des Vlieses. Die gleich breiten Streifen werden durch den Florteiler aus dem Vlies gebildet. Von den verschiedenen Ausführungsarten dieser Florteiler sei nur einer beschrieben:

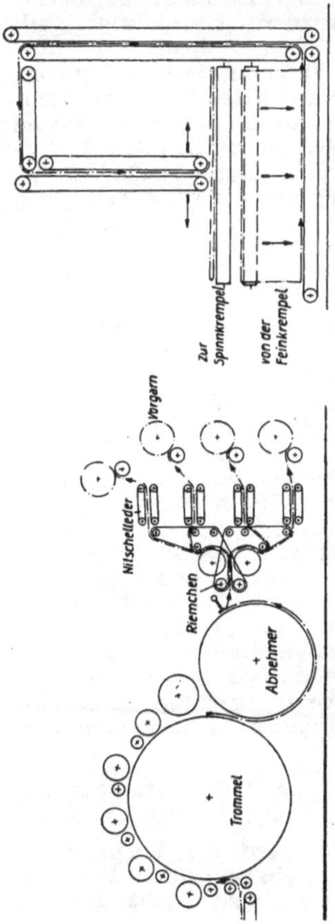

Abb. 39 c. Links: Spinnkrempel, rechts: Schema der Vliesübertragung zwischen Fein- und Spinnkrempel.

Ein System von Riemchen legt sich, abwechselnd von unten und oben kommend, an das Vlies an. Die von unten anlaufenden Riemchen werden nach oben, die von oben anlaufenden nach unten abgeleitet, so daß an der Ablenklinie das Vlies in schmale Streifen zerlegt wird, mit welchem sich die Riemchen belegen. Nitschelleder übernehmen die Streifen und formen sie zum runden Vorgarn. Es liegen zwei solcher Nitschelsysteme übereinander. Das von ihnen abgelieferte gerundete Vorgarn wird auf Holzwalzen in Form schmaler, nebeneinanderliegender scheibenartiger Garnkörper mit Kreuzwicklung aufgewunden. Damit diese eine ausreichende Breite und damit Fassungsvermögen haben, werden die Vorgarnfäden jedes Nitschelwerkes nochmals in 2 Fadensysteme unterteilt, so daß insgesamt an vier übereinanderliegenden Stellen zugleich solche Vorgarnrollen aufgewunden werden. Der einzelne Garnkörper kann dann viermal so breit werden wie jeder zuerst gebildete Streifen.

d) Das Spinnen

Das Feinspinnen geschieht noch vorwiegend durch den Streichgarn-Selfaktor. Er arbeitet ähnlich wie der Kammgarn-Selfaktor, hat aber im Gegensatz zu diesem kein Streckwerk, sondern nur Lieferwalzen, welche das Vorgarn der Spindel in der Form zuliefern, wie es von den Vorgarnrollen kommt. Das Vorgarn hält ohne weiteres keinen Verzug aus, da die Fasern zu kurz sind und auch nicht in Parallellage gebracht wurden. Eine leichte Verzugserteilung ist jedoch bei gleichzeitiger Drehungserteilung möglich. Durch die Drehung wird das Vorgarn zunächst leicht gefestigt, ohne jedoch die Verzugsfähigkeit zu verlieren. Wenn es sich ungleichmäßig verzieht, springt die Drehung in die dadurch entstehenden dünnen Stellen, festigt diese, so daß sie sich nicht mehr verziehen lassen, während die dicken Stellen, die erst wenig Drehung aufgenommen haben, sich nunmehr verziehen, so daß eine Vergleichmäßigung eintritt.

Die einzelnen Arbeitsphasen des Selfaktors sind folgende:

1. Die Lieferwalze liefert Vorgarn, der Wagen fährt in der Geschwindigkeit der Zulieferung unter Drehung der Spindel aus. Das Vorgarn wird leicht gedreht, bleibt aber verzugsfähig.

2. Die Lieferwalze stellt ihre Lieferung ein. Der Wagen fährt unter Drehung der Spindel weiter aus. Die Entfernung von der Spindelspitze bis zur Lieferwalze vergrößert sich, das Vorgarn wird verzogen.

3. Der Wagen ist voll ausgefahren. Die Spindeln drehen sich weiter, bis das Garn die endgültige Drehung hat. Der Wagen gibt der Fadenverkürzung durch die Drehung nach und fährt ein kurzes Stück ein.

4. Es folgt Abschlagen und Aufwinden wie beim Baumwoll- oder Kammgarnselfaktor.

Der Verzug, den das Vorgarn aushält, ist an sich gering. Grobe Streichgarne aus sehr kurzem Fasergut verzieht man unter Umständen gar nicht, sondern dreht sie nur auf dem Selfaktor. Je feiner die Qualität, desto größer kann der Verzug sein. Er liegt im allgemeinen zwischen 1,05 und 2,0, selten höher.

Das Ringspinnprinzip ist auch beim Spinnen von Streichgarnen erfolgreich angewendet worden. Es lag nahe, den Selfaktor mit seinem unterbrochenen Betrieb ebenfalls durch die einfacher gebaute Ringspinnmaschine zu ersetzen. Die Hauptaufgabe bei der Streichgarnringspinnmaschine ist die Verzugsverteilung. Beim Ringspinnen muß der Verzug erteilt sein, ehe der Lieferzylinder das Bändchen der Spindel zum Drehen zuliefert. Das kann aber nur in einem Streckwerk geschehen. Da dieser Verzug aber ohne das Vorhandensein einer leichten Drehung nicht erteilt werden kann, befindet sich im Streckwerk vor dem Streckzylinder ein Drehröhrchen, das dem Vorgarn eine vorübergehende Drehung erteilt. Da dieses das Vorgarn vor und hinter sich in entgegengesetzter Richtung dreht, löst sich die Drehung wieder auf. Sie hatte nur die Aufgabe, das Vorgarn verzugsfähig zu machen, die Aufgabe der Drehungserteilung zum Festigen des Garnes kommt dann ausschließlich der Spindel zu. Die Ausbildung der Spindel, der Ringe und der Läufer entspricht der üblichen Ringspinnmaschine.

III. Die Verarbeitung von Rückwolle (Kunstwolle)

Rückwolle ist der Spinnstoff, der durch das Auffasern wollener Lumpen, Gestricke, Gewirke und Gewebe gewonnen wird.

Aus gewalkten Lumpen sind nur sehr kurze Fasern wiederzugewinnen, die sich nur schlecht verspinnen lassen und geringwertige Garne ergeben. Sie heißen Mungo.

Die aus ungewalkten Lumpen gewonnenen längeren Fasern, Shoddy genannt, sind spinnfähiger und ergeben qualitativ wertvollere Garne.

Die beste Sorte, Thibet, entsteht durch Zerfasern von Gestricken und losen gedrehten Garnen.

Vor dem Zerfasern müssen die Lumpen zugerichtet werden, solche aus anderen Fasergattungen werden aussortiert, Nähte, die aus anderen Garnen gefertigt wurden, werden herausgeschnitten. Durch Karbonisieren lassen sich ebenfalls pflanzliche Teile entfernen. Zum Zerfasern verwendet man die Reißmaschine, die nach dem Prinzip des Wolfes arbeitet. Garnabfälle kann man auch auf einen Öffner auffasern.

Die Verarbeitung geschieht wie bei der Naturwolle auf einem 2, oder 3-Krempelsatz, wobei gröbere Garne die Norm sind.

IV. Die Baumwoll-Streichgarnspinnerei

Das Streichgarnspinnverfahren kommt für Baumwolle in Frage, wenn aus ihr rauhe, weiche Garne gesponnen werden sollen, die dem Wollstreichgarn ähnlich sind und die als Imitatgarne bezeichnet werden. Sie werden aus kurzen ölfreien Baumwollen hergestellt, für Garne geringerer Qualität sind auch Abgänge aus der Verarbeitung guter Baumwolle verwendbar, die auf der Reißmaschine zerfasert werden. Harte Fäden, Baumwolllumpen und Strumpfwaren ergeben nach dem Zerfasern die Kunstbaumwolle, genannt Effilochees.

Die Arbeitsgänge für die Rohbaumwolle sind: Mischen, Auflösen, Reinigen, 2maliges Krempeln, wobei auf der zweiten Krempel der Flor geteilt wird, und das Fertigspinnen.

Naturbaumwollen werden vor der Mischung grob aufgelockert, um sie mit den anderen Stoffen mischen zu können. Die Mischung wird wie in der Wollstreichgarnspinnerei angefertigt. Die Temperatur im Mischraum darf nicht zu gering sein, da nur trockene Baumwollfaser sich gut reinigen läßt.

Auflockern erfolgt wie in der Baumwollspinnerei: die Vorauflösung auf dem Öffner, die Fertigauslösung auf der Schlagmaschine.

Zum Zerfasern von harten Fäden, Vorgespinsten, Gestricken, Gewirken und Geweben dient die Reißmaschine. Sie ähnelt im Aufbau dem Reißwolf. Der arbeitende Teil ist die Reißtrommel, deren Belag aus starken, runden, spitzzulaufenden Stahlstiften besteht. Das Arbeitsgut wird durch die Speisewalze, an die eine Mulde anliegt, der schnell umlaufenden Trommel zugeführt und durch diese zerfasert. Das aufgefaserte Gut wird durch die Fliehkraft aus der Trommel herausgeschleudert.

V. Die Baumwollabfallspinnerei

Die Baumwollabfallspinnerei verarbeitet geringen Deckelputz und Trommelausputz von den Krempeln, Abfälle der Baumwoll-Streichgarnspinnerei, Kehricht, Ventilatorstaub usw., woraus Garne für billigere Gewebe wie z. B. Putztücher hergestellt werden.

Die Arbeitsgänge sind denjenigen der Baumwollstreichgarnspinnerei ähnlich. Es wird auch hier nur ein Zweikrempelsatz verwendet. Auf der Vorspinnkrempel muß beim Teilen des Flors nahezu die Garnfeinheit erreicht sein, da der Selfaktor nur mit einem sehr kleinen, wenn nicht gar ohne Verzug arbeitet.

F. DIE SCHAPPE-SPINNEREI

Die Schappe-Spinnerei verspinnt die Seidenfasern, die beim Abhaspeln der natürlichen Seide sich nicht abhaspeln lassen oder die dabei als Abgänge entstehen. Es sind dies:

Wattseide (Spelaja), das sind die von der Raupe zuerst angelegten Fäden, in denen der Kokon ruht. Sie hat nur geringen Spinnwert, da sie Verunreinigkeiten besitzt.

Fehlerhafte Kokons, welche sich nicht abhaspeln lassen, z. B. Doppelkokons, unfertig gesponnene Kokons, fleckige oder von Mäusen usw. angefressene Kokons.

Schwarze Kokons, bei denen die Raupe während des Einspinnens abstarb. Sie sind fleckig.

Restkokons, und zwar: Galetames: nicht mehr abhaspelbare Kokons, die noch Puppen enthalten, und Pelettes, die von der Puppe befreit sind.

Seidenabfälle, sogenannte Strusen, oder Strusi. Wenn sie sehr sauber sind, wie zum Beispiel die italienischen Strusen, sind sie ein hochwertiger Spinnstoff. Andere Länder liefern sie zum Teil auf Knäueln, die geringwertiger sind, sog. Frisonettes.

Grege- und Trameabfälle aus der Zwirnerei, Winderei und Weberei, die sogenannten Strazzen oder Bourre.

Ferner werden mit diesem zusammen die Seide der Wildspinner, Tussah usw., und die Nester der Familienspinner verarbeitet.

Die genannten Sorten werden in den verschiedensten Qualitäten geliefert und werden in der Spinnerei in entsprechenden Mischungen für die verschiedenen Garne verarbeitet.

I. Das Entbasten

Vor der Verarbeitung auf den einschlägigen Maschinen ist es erforderlich, die Fasern zu entbasten. Es kann im Seifen- oder Sodabad geschehen oder durch ein Fäulnisverfahren. Dieses ist billiger als das Seifenbad, schont die Fasern zudem. Nach der ersten Behandlung werden die Fasern gewaschen und anschließend getrocknet.

II. Das Öffnen und Kämmen

Das Öffnen geschieht auf dem Kokonöffner, der wie der Reißwolf arbeitet. Die Seidenabfälle werden auf ein endloses Auflagetuch aufgelegt und von diesem durch eine Walze abgenommen, die stark nach rückwärts geneigte Nadeln hat. Die Nadeln der Trommel erfassen die Fasern, ziehen sie auseinander und halten sie fest, wodurch sich ein Belag auf der Trommel bildet. Eine bestimmte Fasermenge wird aufgelegt, nach deren Verarbeitung die Maschine angehalten, das Vlies auf der Trommel aufgeschnitten und durch ein Riffelwalzenpaar abgezogen wird.

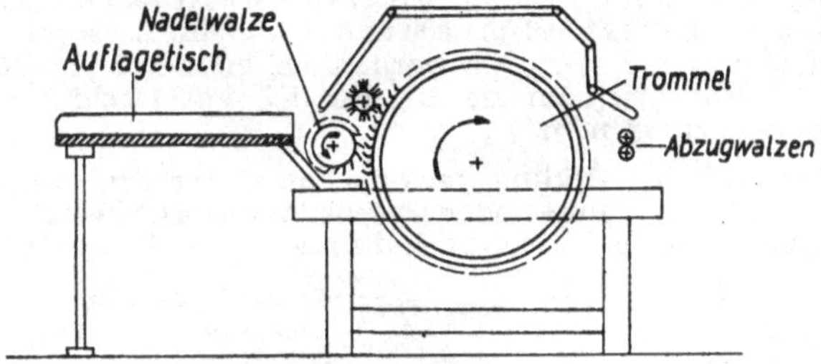

Abb. 40. Kokonöffner.

Diese Vliese kommen auf den Filling, der das Fasergut für das nachfolgende Kämmen vorbereitet. An einer Trommel von etwa 800 mm Durchmesser sitzen 18 mit je 5 Nadelreihen besetzte Leisten, sogenannte Kar-

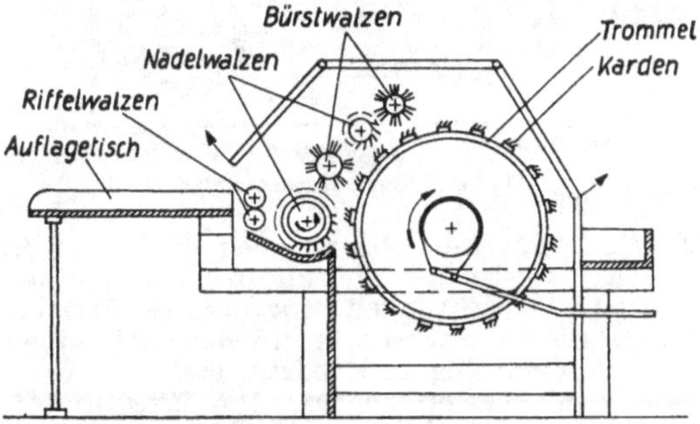

Abb. 41. Großer Filling.

den. Das auf dem Einlauftuch aufgelegte Vlies wird von einem Riffelwalzenpaar ergriffen und gelangt zu einer großen Nadelwalze, von der die Fasern durch die Kämme abgenommen werden. Eine Bürstwalze reinigt die Nadelwalze, welche die ausgekämmten Fasern einer weiteren Walze übergibt. Auf der Trommel bildet sich ein zusammenhängendes Faservlies. Nach Verarbeiten einer bestimmten Fasermenge wird die Maschine angehalten, wonach das Vlies in etwa 150 mm lange Abschnitte zerschnitten wird. Die Arbeitsbreite der Maschine beträgt 500 bis 600 mm. Die beim Zerschneiden entstehenden Faserbärte werden auf dünne runde Holzstäbe gewickelt, um sie auf der Kämm-Maschine verarbeiten zu können.

Die auf dem Filling gewonnenen Faserbärte werden nun auf der Rund- oder Flachkämm-Maschine ausgekämmt. Meistens wird die Rundkämm-Maschine

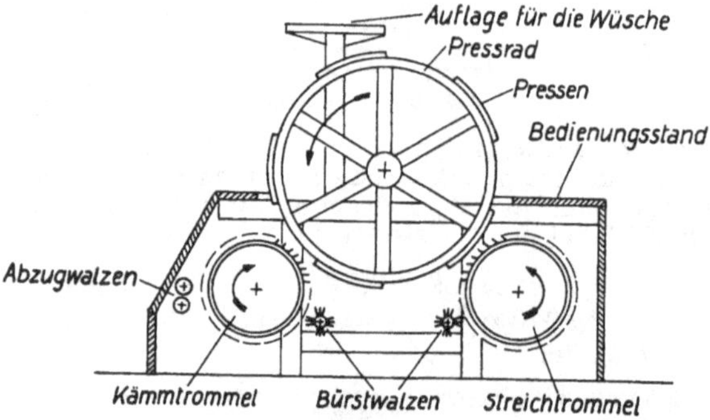

Abb. 42. Rundkämm-Maschine.

benutzt, die nachstehend beschrieben wird. Der Hauptteil der Maschine ist die Einspanntrommel, die am Umfang Einspannvorrichtungen, sogenannte Pressen, besitzt, in welche die Faserbärte mit den Holzstäben eingespannt werden. Die Faserbärte stehen etwa 8 bis 10 cm aus den Pressen heraus. Die Einspanntrommel dreht sich langsam und bringt die Bärte in den Bereich der Kämmtrommel, die mit Kratzenbeschlag versehen ist. Nachdem die Kämmtrommel die eine Seite des Bartes auskämmte, wird dieser von einer zweiten Trommel, der Streichtrommel, welche sich in gleicher Richtung wie die Kämmtrommel dreht, bearbeitet. Nicht in den Klemmbacken gehaltene Fasern gehen in die Beläge dieser beiden Trommeln über, die sich langsam vollsetzen, wobei Bürstwalzen die Fasern fest in die Beläge drücken. Das Faservlies auf der Kämm- und Streichtrommel wird dann durchschnitten und wie die Vliese des Kokonöffners durch Riffelwalzen abgezogen. Die Faserbärte werden nach dem Kämmen der einen Hälfte zum Kämmen der anderen Hälfte umgelegt.

Bei diesem ersten Kämmen werden etwa 15 v. H. der Fasern ausgekämmt. Diese lassen sich aber noch auf verwertbare Fasern verarbeiten. Das geschieht auf einem kleinen Filling, der grundsätzlich wie der oben beschriebene große Filling arbeitet, jedoch eine Trommel mit kleinerem Durchmesser besitzt. Die auf diesem gewonnenen Faserbärte werden ebenfalls gekämmt. Die Faserlänge des hierbei gewonnenen Zuges ist kürzer als der beim ersten Kämmen erhaltene Zug. Der erste Zug hat etwa 120 mm Länge, die nach der zweiten Bearbeitung auf etwa 100 mm, nach einem nochmaligen Aufgeben auf den kleinen Filling im dritten Zug auf etwa 80 mm zurückgeht. Auf dem kleinen Filling ist die Zahl der benadelten Leisten veränderlich, je kürzer das Fasergut wird, desto mehr Leisten sind am Umfang.

III. Bandbilden und Strecken

Die Züge, das sind die von den kürzeren Fasern befreiten Faserbärte, werden jetzt geteilt und auf dem Auflegetisch des Anlegespreaders schuppenförmig aufgelegt. Diese Anlege hat ein Doppelnadelfeld, das wie das in der Kammgarnspinnerei beschriebene arbeitet. Die aus dem Nadelfeld durch den Streckzylinder herausgezogenen Fasern werden über ein endloses Band zu einer Holztrommel geführt, auf der sie zu einer Watte geformt werden. Nach dem Auflegen eines bestimmten Fasergewichtes wird die Watte durchgerissen, von Hand abgenommen und auf dem Auflagetisch der Anlegestrecke aufgelegt, so daß sich der Anfang einer Watte an das Ende der anderen anschließt. Die Maschine besitzt ebenfalls Doppelnadelfeld. Die abgelieferten Bänder werden in Spinnkannen aufgefangen.

Das Strecken geschieht auf 3 aufeinanderfolgenden Strecken, auf denen auch gedoppelt wird. Sie besitzen ein einfaches Hechelfeld.

Nach dem Strecken wird das Band auf einem **F l y e r** verzogen und wie bei den Baumwollflyern auf Spulen mit konischen Enden aufgewickelt. Die Streckwerke der Flyer arbeiten meistens mit Nadelwalzen, auch solche mit einfachen Hechelfedern oder auch Doppelnadelfeldern sind gebaut worden. Die Drehung der Bändchen erfolgt aus demselben Grunde wie bei der Baumwollverarbeitung.

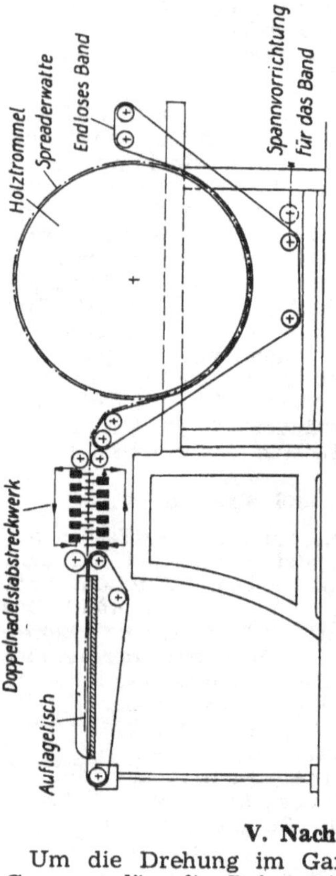

Abb. 43. Anlegemaschine (Spreader) für Schappeseide.

IV. Das Feinspinnen

Das Fertigspinnen erfolgt auf der R i n g - s p i n n m a s c h i n e, deren Streckwerk dem bei Kammgarn verwendeten ähnelt. Da die Garne noch Bast enthalten, der bei dem früher vorgenommenen Entbasten nicht ganz entfernt wurde, der aber bei der weiteren Behandlung durch Kochen herausgeht, werden die Garne etwas schwerer gesponnen, als es der gewünschten Garnfeinheit entspricht.

V. Nacharbeiten

Um die Drehung im Garn zu fixieren, werden die Garne gedämpft. Dabei wird aber mit sehr niedrigen Temperaturen gearbeitet, um die Faser nicht zu schädigen. Faserschonend arbeiten die Feuchtekammern, in denen aber ein längeres Lagern der Garne notwendig ist.

Einfache Garne, die ohne Zwirnung weiterverarbeitet werden, können auf Strängen abgehaspelt werden. Ein großer Teil der Garne wird aber gezwirnt. Vor dem Zwirnen werden die Garne auf Kreusspulen gebracht, wobei auch eine Reinigung durch Fadenreiniger erfolgt. Auch das Zwirnen unmittelbar von der Spinnspule ist möglich.

Um glatte Fäden zu erhalten, kann man die Zwirne sengen, wobei sie durch eine Gasflamme mit hoher Geschwindigkeit hindurchlaufen. Es werden kurze Fasern abgesengt.

G. DIE BOURETTE-SPINNEREI

Die Kämmlinge vom Auskämmen der Seide, Bourre, werden zu Bourettegarnen versponnen.

Das geht auf einer Krempel, deren Bauart der für Rohwolle ähnlich ist, in Einzelheiten aber der anderen Faser angepaßt wurde. Die weitere Verarbeitung geschieht wie bei dem Kammgarn. Das Band wird gekämmt, und zwar auf den in der Kammgarnspinnerei üblichen Kämmaschinen. Der Anteil der Kämmlinge, die im Streichgarnverfahren verarbeitet werden, ist sehr groß. Die Aufgabe des Krempelns mit dem nachfolgenden Kämmen war, die längeren Fasern noch zu einem gekämmten Garn zu verspinnen.

Es ist jedoch auch möglich, die gesamten Kämmlinge der Schappespinnerei im Streichgarnverfahren zu verarbeiten. Das geschieht grundsätzlich wie in der Streichgarnspinnerei beschrieben.

H. DIE RAMIESPINNEREI

Das Verspinnen von Ramie lehnt sich mehr oder weniger an die Spinnverfahren für andere Fasern an. Von den Verarbeitungsverfahren für Bastfasern käme die Flachsspinnerei in Frage, zumal auch der Nummernbereich der Ramiegarne sich zu einem großen Teil mit demjenigen der Flachsgarne deckt. Nicht vollkommen entgummierte Ramie läßt sich hecheln, wonach sie auf den Maschinen der Langflachs- und Flachswergsysteme weiterverarbeitet werden kann. Die Garne lassen sich trocken und naß spinnen.

Auch andere Spinnverfahren können für Ramie angewendet werden. Es muß dabei allerdings die Entgummierung vollkommen durchgeführt sein, damit die hierbei erforderliche und erwünschte Auflösung bis zur Einzelfaser möglich ist. Das Baumwollspinnverfahren eignet sich für die Ramie wegen ihrer gegenüber der Baumwolle erheblichen Einzelfaserlänge kaum. Die Fasern müßten auf Baumwoll-Länge geschnitten werden. Geeigneter ist das Kammgarnverfahren, da die dort verwendeten Maschinen zur Verarbeitung von Fasern eingerichtet sind, die etwa die Länge der Ramiefasern haben. Nach einer Auflösung der Fasern auf einer Karde werden die Bänder nach dem üblichen Verstrecken gekämmt. Der Kammzug wird wie Kammgarn, die Kämmlinge nach dem Streichgarnverfahren versponnen.

Die Methoden der Schappespinnerei sind ebenfalls für die Ramie in einer abgewandelten Form verwendbar. Die entgummierte Ramie kommt auf den Filling; Kämmen, Anlegen und Weiterverarbeitung geschieht dann wie in der Schappespinnerei. Als Feinspinnmaschine wird die Ringspinnmaschine verwendet.

Einfache Garne, die als Webgarne dienen sollen, werden gehaspelt oder auf Kreuzspulen gebracht. Es lassen sich aber auch den Leinenzwirnen ähnliche Nähzwirne aus Ramie herstellen.

Sachverzeichnis

Aufschluß 10

Bandbildung 31, 55
Bandbildung durch Anlegen 48, 107
Baumwolle 8
Baumwollspinnerei 26
Blattfasern 7
Bourettespinnerei 109
Breaker 63, 65
Buntspinnen 86

Chemiefasern 22

Dämpfen 43, 93, 108
Deutsche Vorspinnerei 81, 86
Doppeln 35, 50, 58
Doublieren 90, 35
Durchzugstreckwerk 39, 87

Englische Vorspinnerei 81, 85
Entbasten 104

Fachen 90
Flachs 12
Flachsspinnerei 44
Flachslangfaserspinnerei 48
Flügelspinnmaschine 43, 52, 54, 89
Französische Vorspinnerei 81
Fruchtfasern 7

Gillspinner 60, 65
Glockenspinnmaschine 88

Hanf 13
Hanfspinnerei 59
Haspeln 43, 59, 92
Hecheln 44
Hechelmaschine 45

Jute 14
Jutespinnerei 62

Kammgarnspinnerei 65
Kammgarnvorspinnerei 80
Kammzug 79, 107
Kämmen 32, 75, 106
Kaltwasserröste 10
Kardieren 31, 56, 62, 71, 97
Kegelöffner 28
Kenaf 18
Klemmstreckwerk 39
Kokos 19
Knäueln 61
Knicken 11
Krempeln 31, 56, 62, 71, 97
Kreuzspule 43, 59, 65
Kunstseide 23

Manila 19
Melange 86

Naßspinnen 54, 59

Plätten 75
Polieren 61

Ramie 15
Ramiespinnerei 109

Reiben 59
Ringspinnen 38, 87, 108
Rückwolle 101

Samenfasern 7
Saugöffner 29
Schafwolle 19
Schappespinnerei 103
Schwingen 11
Seilgarnspinnerei 64
Selfaktor 40, 89, 100
Sisal 18
Softener 62
Stengelfasern 7
Strecken 33, 50, 58, 73, 107
Streichgarnspinnerei 93

Tauröste 10
Trockenspinnen 52, 59, 63
Trommelöffner 29

Vorspinnen 35, 52, 58, 108

Wagenspinner 40
Warmwasserröste 10
Wasserröste 10
Weichen 59, 62
Wergspinnen 56
Wollkämmerei 66
Wollsortierung 66
Wollwäscherei 67

Zellwolle 23
Zellwollspinnerei 43
Zwirnen 90

GESAMTVERZEICHNIS

SAMMLUNG GÖSCHEN

DAS WISSEN DER WELT IN KURZEN, KLAREN, ALLGEMEINVERSTÄNDLICHEN EINZELDARSTELLUNGEN NACH DEN LEHRPLÄNEN DER DEUTSCHEN UNIVERSITÄTEN UND HOCHSCHULEN AUFGEBAUT

JEDER BAND DM 2,40

DOPPELBAND DM 4,80

STAND APRIL 1954

WALTER DE GRUYTER & CO.

BERLIN W 35

INHALTSVERZEICHNIS

	Seite
Biologie	11
Botanik	11
Chemie	10
Deutsche Sprache und Literatur	5
Elektrotechnik	13
Englisch	6
Erd- und Länderkunde	7
Französisch	6
Geologie	12
Germanisch	5
Geschichte	4
Griechisch	6
Hebräisch	7
Hoch- und Tiefbau	15
Indogermanisch	5
Italienisch	6
Kristallographie	12
Kunst	4
Land- und Forstwirtschaft	12
Lateinisch	6
Maschinenbau	14
Mathematik	8
Metall	13
Mineralogie	12
Musik	4
Pädagogik	3
Philosophie	3
Physik	10
Psychologie	3
Religionswissenschaften	3
Russisch	7
Sanskrit	7
Soziologie	3
Technologie	11
Volkswirtschaft	7
Wasserbau	14
Zoologie	12

Geisteswissenschaften

Philosophie · Pädagogik · Psychologie · Soziologie

Einführung in die Philosophie von *H. Leisegang.* 2. Auflage. 145 Seiten. 1951 . . . . Bd. 281
Erkenntnistheorie von *G. Kropp* 1. Teil: Allgemeine Grundlegung. 143 Seiten. 1950 . . . . Bd. 807
Hauptprobleme der Philosophie von *G. Simmel†.* 7., unveränd. Auflage. 177 Seiten. 1950 . . . . Bd. 500
Geschichte der Philosophie
I: Die griechische Philosophie von *W. Capelle.* 1. Teil. Von Thales bis Leukippos. 2., erweiterte Auflage. 135 Seiten. 1953 . . . . Bd. 857
II: Die griechische Philosophie von *W. Capelle.* 2. Teil. Von der Sophistik bis zum Tode Platons. 2., stark erweiterte Auflage. 144 Seiten. 1953 . . . . . Bd. 859
III: Die griechische Philosophie von *W. Capelle.* 3. Teil. Vom Tode Platons bis zur Alten Stoa. 2., stark erweiterte Auflage. 132 Seiten. 1954 . . . . . Bd. 859
IV: Die griechische Philosophie von *W. Capelle.* 4. Teil. Von der Alten Stoa bis zum Eklektizismus im 1. Jahrhundert v. Chr. 2., stark erweiterte Auflage. 132 Seiten. 1954 . . . . Bd. 863
V: Die Philosophie des Mittelalters von *J. Koch.* In Vorbereitung . . . . Bd. 826
VI: Die vorkantische Philosophie von *K. Schilling.* In Vorbereitung . . . . Bd. 394
VII: Immanuel Kant von *G. Lehmann.* In Vorbereitung . Bd. 536
VIII: Die Philosophie des 19. Jahrhunderts von *G. Lehmann.* 1. Teil. 151 Seiten. 1953 . . . . Bd. 571
IX: Die Philosophie des 19. Jahrhunderts von *G. Lehmann.* 2. Teil. 168 Seiten. 1953 . . . . Bd. 709
X: Die Philosophie im ersten Drittel des 20. Jahrhunderts von *G. Lehmann.* In Vorbereitung . . . . . . Bd. 845
Die geistige Situation der Zeit (1931) von *K. Jaspers.* 3., unveränderter Abdruck der 1932 bearbeiteten 5. Auflage. 211 Seiten. 1953 . . . . Bd. 1000
Philosophisches Wörterbuch von *M. Apel.* 4., unveränderte Auflage. 260 Seiten. 1953 . . . . Bd. 1031
Geschichte der Pädagogik von *H. Weimer.* 11., neubearbeitete und vermehrte Auflage. 1954. In Vorbereitung . . . Bd. 145
Therapeutische Psychologie. Freud — Adler — Jung von *W. M. Kranefeldt.* Mit einer Einführung von *C. G. Jung.* 2. Auflage. 152 Seiten. 1950 . . . . Bd. 1034
Soziologie. Geschichte und Hauptprobleme von *L. von Wiese.* 4. Auflage. 151 Seiten. 1950 . . . . Bd. 101

Religionswissenschaften

Buddhismus von *E. Waldschmidt.* 2 Teile. 1955. In Vorber. Bd. 174/770
Jesus von *M. Dibelius †.* 2. Auflage. Unveränderter Nachdruck. 137 Seiten. 1949 . . . . Bd. 1130
Paulus von *M. Dibelius †.* Nach dem Tode des Verfassers herausgegeben und zu Ende geführt von *W. G. Kümmel.* 155 Seiten. 1951 . . . . Bd. 1160

Musik

Musikästhetik von *H. J. Moser*. 180 Seiten. 1953 . . . . . . Bd. 344

Systematische Modulation von *R. Hernried*. 2. Auflage. 136 Seiten. 1950 . . . . Bd. 1094

Der polyphone Satz von *E. Pepping*. 1. Teil: Der cantus-firmus-Satz. 2. Auflage. 223 Seiten. 1950 . . . . Bd. 1148

Harmonielehre von *H. J. Moser*.
I: 112 Seiten. 1954 . . . . Bd. 809
II: In Vorbereitung . . . . Bd. 810

Gesangskunst von *H. J. Moser*. In Vorbereitung . . . . Bd. 576/576a

Die Kunst des Dirigierens von *H. W. von Waltershausen*. 2. Auflage. 138 Seiten. 1954 . . . . Bd. 1147

Die Technik des Klavierspiels aus dem Geiste des musikalischen Kunstwerkes von *K. Schubert* †. 3. Auflage. 108 Seiten. 1954 . . . . Bd. 1045

Die Musik des 19. Jahrhunderts von *W. Oehlmann*. 180 Seiten. 1953 . . . . Bd. 170

Kunst

Stilkunde von *H. Weigert*.
I: Vorzeit, Antike, Mittelalter. 2. Auflage. 136 Seiten. Mit 94 Abbildungen. 1954 . . . . Bd. 80
II: Spätmittelalter und Neuzeit. 2. Auflage. 141 Seiten. Mit 84 Abbildungen. 1954 . . . . Bd. 781

Geschichte

Einführung in die Geschichtswissenschaft von *P. Kirn*. 2. Auflage. 121 Seiten. 1952 . . . . Bd. 270

Archäologie von *A. Rumpf*.
I: Einleitung, historischer Überblick. 143 Seiten mit 6 Abbildungen im Text und 12 Tafeln. 1953 . . . . . Bd. 538
II: In Vorbereitung . . . . Bd. 539

Kultur der Urzeit von *F. Behn*. 4. Auflage der „Kultur der Urzeit". Band I–III von *M. Hoernes*.
I: Die vormetallischen Kulturen. (Die Steinzeiten Europas. Gleichartige Kulturen in anderen Erdteilen). 172 Seiten mit 48 Abbildungen. 1950 . . . . Bd. 564
II: Die älteren Metallkulturen. (Der Beginn der Metallbenutzung. Kupfer- und Bronzezeit in Eurpoa, im Orient und in Amerika). 160 Seiten mit 67 Abbildungen. 1950 Bd. 565
III: Die jüngeren Metallkulturen. (Das Eisen als Kulturmetall. Hallstatt-Latene-Kultur in Europa. Das erste Auftreten des Eisens in den anderen Erdteilen). 149 Seiten mit 60 Abbildungen. 1950 . . . . Bd. 566

Vorgeschichte Europas von *F. Behn*. Völlig neue Bearbeitung der 7. Auflage der „Urgeschichte der Menschheit" von *M. Hoernes*. 125 Seiten mit 47 Abbildungen. 1949 . . . Bd. 42

Von den Karolingern zu den Staufern von *J. Haller*. Die altdeutsche Kaiserzeit (900–1250). 3. Auflage. 141 Seiten mit 4 Karten. 1944 . . . . Bd. 1065

Deutsche Geschichte im Zeitalter der Reformation, der Gegenreformation und des 30jährigen Krieges von *F. Hartung*. 129 Seiten. 1951 . . . . Bd. 1105

Quellenkunde der deutschen Geschichte im Mittelalter von *K. Jacob*† (bis zur Mitte des 15. Jahrhunderts).
I: Einleitung, Allgemeiner Teil. Die Zeit der Karolinger. 5. Auflage. 118 Seiten. 1949 . . . . Bd. 279
II: Die Kaiserzeit (911 – 1250). 4. Auflage. 127 Seiten. 1949 Bd. 280
III: Das Spätmittelalter (vom Interregnum bis 1500). Unter Verwendung der Hinterlassenschaft herausgegeben von *F. Weden*. 152 Seiten. 1952 . . . . Bd. 284

Zeitrechnung der römischen Kaiserzeit, des Mittelalters und der Neuzeit von *H. Lietzmann*†. Für die Jahre 1 – 2000 n. Chr. 2. Auflage. Von A. Hofmeister. 1954. In Vorbereitung . . . . Bd. 1085

Badische Geschichte von A. Krieger. 137 Seiten. 1921 . . . . Bd. 230

Geschichte Englands von *H. Preller*.
I: bis 1815. 3., stark umgearbeitete Auflage. 135 Seiten mit 7 Stammtafeln und 2 Karten im Text. 1952 . . . . Bd. 375
II: In Vorbereitung . . . . Bd. 1088

Thüringische Geschichte von *E. Devrient*. 2. Auflage. 136 Seiten. 1921. . . . . Bd. 352

Deutsche Sprache und Literatur

Deutsches Rechtschreibungswörterbuch von *M. Gottschald*. 2., verbesserte Auflage. 269 Seiten. 1953 . . . . . . Bd. 200/200a

Deutsche Wortkunde von *A. Schirmer*. Eine kulturgeschichtliche Betrachtung des deutschen Wortschatzes. 3., durchgesehene Auflage. 109 Seiten. 1949 . . . . . . Bd. 929

Deutsche Sprachlehre von *W. Hofstaetter*. 9., neubearbeitete Auflage von *G. Spree*. 114 Seiten. 1953 . . . . Bd. 20

Redetechnik von *H. Biehle*. Eine Einführung in die Rhetorik. 115 Seiten. 1954 . . . . Bd. 61

Sprechen und Sprachpflege von *H. Feist*. (Die Kunst des Sprechens). 2., verbesserte Auflage. 99 Seiten mit 25 Abbildungen. 1952 . . . . Bd. 1122

Deutsches Dichten und Denken von der germanischen bis zur staufischen Zeit von *H. Naumann*. (Deutsche Literaturgeschichte vom 5. – 13. Jahrhundert). 2., verbesserte Auflage. 166 Seiten. 1952 . . . . Bd. 1121

Deutsches Dichten und Denken vom Mittelalter zur Neuzeit von *G. Müller* (1270 – 1700). 2., durchgesehene Auflage. 159 Seiten. 1949 . . . . Bd. 1086

Deutsches Dichten und Denken von der Aufklärung bis zum Realismus von *K. Viëtor* (Deutsche Literaturgeschichte von 1700 – 1890). 2., durchgesehene Auflage. 156 Seiten. 1949 . . . . Bd. 1096

Deutsche Heldensagen von *H. Schneider*. In Vorbereitung . . Bd. 32

Der Nibelunge Nôt in Auswahl mit kurzem Wörterbuch von *K. Langosch*. 9., umgearbeitete Auflage. 164 Seiten. 1953 Bd. 1

Die deutschen Personennamen von *M. Gottschald*. In Vorbereitung . . . . Bd. 422

Indogermanisch · Germanisch

Gotisches Elementarbuch von *H. Hempel*. Grammatik, Texte mit Übersetzung und Erläuterungen. 2., umgearbeitete Auflage. 165 Seiten. 1953 . . . . Bd. 79

Indogermanische Sprachwissenschaft von *H. Krahe*. 2. Auflage. 134 Seiten. 1948 . . . . Bd. 59

Germanische Sprachwissenschaft von *H. Krahe*. 2. Auflage.
I: Einleitung und Lautlehre. 127 Seiten. 1948 . . . . . . Bd. 238
II: Formenlehre. 140 Seiten. 1948 . . . . Bd. 780

Althochdeutsches Elementarbuch von *H. Naumann* † und *W. Betz*. 2. Auflage. 156 Seiten. 1954 . . . . Bd. 1111

Altnordisches Elementarbuch von *F. Ranke*. Schrifttum, Sprache, Texte mit Übersetzung und Wörterbuch. 2., durchgesehene Auflage. 146 Seiten. 1949 . . . . . Bd. 1115

Englisch · Französisch · Italienisch

Altenglisches Elementarbuch von *M. Lehnert*. Einführung, Grammatik, Texte mit Übersetzung und Wörterbuch. 2., verbesserte und vermehrte Aufl. 176 Seiten. 1950 . Bd. 1125

Beowulf von *M. Lehnert*. Eine Auswahl mit Einführung, teilweiser Übersetzung, Anmerkungen und etymologischem Wörterbuch. 2., verbesserte Auflage. 135 Seiten. 1949 Bd. 1135

Englische Literaturgeschichte.
I: Die alt- und mittelenglische Periode von *F. Schubel*. 163 Seiten. 1954 . . . . Bd. 1114
II: Von der Renaissance bis zur Aufklärung von *Paul Meissner*†. 139 Seiten. 1937 . . . . Bd. 1116
III: Romantik und Viktorianismus von *Paul Meissner*†. 150 Seiten. 1938 . . . . Bd. 1124
IV: Das 20. Jahrhundert von *Paul Meissner*†. 150 Seiten. 1939 . . . . Bd. 1136

Romanische Sprachwissenschaft von *H. Lausberg*. 2 Bände. In Vorbereitung . . . . Bd. 128/250

Italienische Literaturgeschichte von *K. Vossler*. Unveränderter Nachdruck der 1927 erschienenen 4., durchgesehenen und verbesserten Auflage. 148 Seiten. 1948 . . . . Bd. 125

Shakespeare von *P. Meissner*†. 2. Auflage, neubearbeitet von M. Lehnert. 136 Seiten. 1954 . . . . Bd. 1142

Griechisch · Lateinisch

Griechische Sprachwissenschaft von *W. Brandenstein*.
I: Einleitung, Lautsystem, Etymologie. 160 Seiten. 1954 Bd. 117

Geschichte der griechischen Sprache von *O. Hoffmann*†.
I: Bis zum Ausgang der klassischen Zeit. 3., umgearbeitete Auflage von *A. Debrunner*. 156 Seiten. 1954 . . . . Bd. 111
II: In Vorbereitung . . . . Bd. 114

Geschichte der griechischen Literatur von *W. Nestle*. 2., verbesserte Auflage.
I: Von den Anfängen bis auf Alexander d. Gr. 148 Seiten. 1950 . . . . Bd. 70
II: Von Alexander d. Gr. bis zum Ausgang der Antike. 128 Seiten. 1945 . . . . Bd. 557

Geschichte der lateinischen Sprache von *F. Stolz*†. 3., stark umgearbeitete Auflage von *A. Debrunner*. 136 Seiten. 1953 Bd. 492

Hebräisch · Sanskrit · Russisch

Hebräische Grammatik von *G. Beer*†. 2., völlig neubearbeitete Auflage von *R. Meyer*.
I: Schrift-, Laut- und Formenlehre I. 157 Seiten. 1952. Bd. 763/763a
II: Schrift-, Laut- und Formenlehre II. 1954. In Vorbereitung . . . . Bd. 764/764a

Hebräisches Übungsbuch von *G. Beer*† und *R. Meyer*. In Vorbereitung . . . . Bd. 769

Sanskrit-Grammatik von *M. Mayrhofer*. 89 Seiten. 1953 . . . Bd. 1158

Russische Grammatik von *G. Berneker*. 6., unveränderte Auflage von *M. Vasmer*. 155 Seiten. 1947 . . . . Bd. 66

Erd- und Länderkunde

Afrika von *F. Jaeger*. Ein geographischer Überblick. 2., umgearbeitete Auflage
I: Der Lebensraum. 174 Seiten. 1954 . . . . Bd. 910
II: Mensch und Kultur. 155 Seiten. 1954 . . . . Bd. 911

Amerika von *H. Dreyhaus*. 2 Bände. In Vorbereitung . . Bd. 855/856

Australien und Ozeanien von *H. J. Krug*. 176 Seiten mit 46 Skizzen. 1953 . . . . Bd. 319

Eiszeitalter von *E. Hameister*. In Vorbereitung . . . . Bd. 431

Kartenkunde von *M. Eckert-Greifendorff*†. 3., durchgesehene Auflage von *W. Kleffner*. 149 Seiten mit 63 Abb. 1950 Bd. 30

Volkswirtschaft

Allgemeine Betriebswirtschaftslehre von *K. Mellerowicz*. 8., unveränderte Auflage.
I: 142 Seiten. 1954 . . . . Bd. 1008
II: 112 Seiten. 1954 . . . . Bd. 1153
III: 143 Seiten. 1954 . . . . Bd. 1154

Statistik von *E. Meier* 2 Bände. In Vorbereitung . . . . . . Bd. 746

Naturwissenschaften

Mathematik

Geschichte der Mathematik von *J. E. Hofmann*
I: Von den Anfängen bis zum Auftreten von Fermat und Descartes. 200 Seiten. 1953 . . . . Bd. 226

Mathematische Formelsammlung von *F. Ringleb*. Vollständig umgearbeitete Neuausgabe des Werkes von *O. Th. Bürklen*. 5., verbesserte Auflage. 274 Seiten mit 57 Figuren. 1949 . . . . Bd. 51

Fünfstellige Logarithmen von *A. Adler*. Mit mehreren graphischen Rechentafeln und häufig vorkommenden Zahlwerten. 2. Auflage. Neudruck. 127 Seiten mit 1 Tafel. 1949 . . . . Bd. 423

Arithmetik von *H. Rohrbach* (früher Fischer). 1955. In Vorbereitung . . . . Bd. 47

Höhere Algebra von *H. Hasse*. 3., verbesserte Auflage.
I: Lineare Gleichungen. 152 Seiten. 1951 . . . . Bd. 931
II: Gleichungen höheren Grades. 158 Seiten mit 5 Figuren. 1951 . . . . Bd. 932

Aufgabensammlung zur höheren Algebra von *H. Hasse* und *W. Klobe*. 2., verbesserte und vermehrte Auflage. 181 Seiten. 1952 . . . . Bd. 1082

Elementare und klassische Algebra vom modernen Standpunkt von *W. Krull*. 2., erweiterte Auflage.
I: 136 Seiten. 1952 . . . . Bd. 930

Einführung in die Zahlentheorie von *A. Scholz*†. Überarbeitet von *B. Schoeneberg*. 1954. In Vorbereitung . . . . . Bd. 1131

Gruppentheorie von *L. Baumgartner*. 2. Auflage. 115 Seiten mit 6 Figuren. 1949 . . . . Bd. 837

Funktionentheorie von *K. Knopp*. 7. Auflage
I: Grundlagen der allgemeinen Theorie der analytischen Funktionen. 139 Seiten. Nachdruck 1954 . . . . Bd. 668
II: Anwendungen und Weiterführung der allgemeinen Theorie. 130 Seiten. Nachdruck 1954 . . . . Bd. 703

Aufgabensammlung zur Funktionentheorie von *K. Knopp*. 4. Auflage.
I: Aufgaben zur elementaren Funktionentheorie. 135 Seiten .1949 . . . . Bd. 877
II: Aufgaben zur höheren Funktionentheorie. 151 Seiten. 1949 . . . . Bd. 878

Elemente der Funktionentheorie von *K. Knopp*. 3. Auflage. 144 Seiten. Nachdruck 1954 . . . . Bd. 1109

Determinanten von *H. Wielandt* (früher Fischer). 1955. In Vorbereitung . . . . Bd. 402

Differentialrechnung von *A. Witting*†. 3., neubearbeitete Auflage. Durchgesehener Neudruck. 201 Seiten mit 95 Figuren und 200 Beispielen. 1949 . . . . Bd. 87

Repetitorium und Aufgabensammlung zur Differentialrechnung von *A. Witting*†. 2., neubearbeitete Auflage. Durchgesehener Neudruck. 145 Seiten. 1949 . . . . Bd. 146

Integralrechnung von *A. Witting*†. 2., verbesserte Auflage. Durchgesehener Neudruck. 176 Seiten mit 62 Figuren und 190 Beispielen . . . . Bd. 88

Repetitorium und Aufgabensammlung zur Integralrechnung von *A. Witting*†. 2., neubearbeitete Auflage. Durchgesehener Neudruck. 121 Seiten mit 32 Figuren und 309 Beispielen. 1949. . . . . Bd. 147

Gewöhnliche Differentialgleichungen von *G. Hoheisel*. 4., neubearbeitete Auflage. 129 Seiten. 1951 . . . . Bd. 920

Partielle Differentialgleichungen von *G. Hoheisel*. 3., neubearbeitete Auflage. Etwa 130 Seiten. 1954 . . . . . . Bd. 1003

Aufgabensammlung zu den gewöhnlichen und partiellen Differentialgleichungen von *G. Hoheisel*. 2., umgearbeitete Auflage. 124 Seiten. 1952 . . . . Bd. 1059

Darstellende Geometrie von *W. Haack*.

I: Die wichtigsten Darstellungsmethoden. Grund- und Aufriß ebenmäßiger Körper. 106 Seiten mit 112 Abbildungen. 1954 . . . . Bd. 142

II: Körper mit krummen Begrenzungsflächen. Kotierte Projektionen. 129 Seiten mit 86 Abbildungen. 1954 . . Bd. 143

Sammlung von Aufgaben und Beispielen zur analytischen Geometrie der Ebene von *R. Haussner*. Mit den vollständigen Lösungen. 139 Seiten mit 22 Figuren im Text. Neudruck. 1949 . . . . Bd. 256

Nichteuklidische Geometrie von *R. Baldus*†. Hyperbolische Geometrie der Ebene. 3., verbesserte Auflage, durchgesehen und herausgegeben von *F. Löbell*. 140 Seiten mit 70 Figuren im Text. 1954 . . . . Bd. 970

Differentialgeometrie von *K. Strubecker* (früher Rothe). 2 Bände. In Vorbereitung . . . . Bd. 1113

Einführung in die konforme Abbildung von *L. Bieberbach*. 4. Auflage. 147 Seiten mit 42 Zeichnungen. 1949 . . . Bd. 768

Vektoranalysis von *S. Valentiner*. Neudruck der 7. Auflage (1950). 138 Seiten mit 19 Figuren. 1954 . . . . Bd. 354

Vermessungskunde von *P. Werkmeister*.

I: Stückmessung und Nivellieren. 9. Auflage. 165 Seiten mit 145 Figuren. 1949 . . . . Bd. 468

II: Messung von Horizontalwinkeln. Festlegung von Punkten im Koordinatensystem. Absteckungen. 7. Auflage. 151 Seiten mit 93 Figuren. 1949 . . . . Bd. 469

III: Trigonometrische und barometrische Höhenmessung. Tachymetrie und Topographie. 6. Auflage. 147 Seiten mit 64 Figuren. 1949 . . . . Bd. 862

Versicherungsmathematik von *F. Böhm*.

I: Elemente der Versicherungsrechnung. 3., vermehrte und verbesserte Auflage. Durchgesehener Neudruck. 151 Seiten. 1954. . . . . Bd. 180

II: Lebensversicherungsmathematik. Einführung in die technischen Grundlagen der Sozialversicherung. 2., verbesserte Auflage. 205 Seiten. 1953 . . . . Bd. 917/917a

Physik

Einführung in die theoretische Physik von *W. Döring*
I: Mechanik. Mit 29 Abbildungen. 1954. In Vorbereitung Bd. 76
II: Theorie des elektromagnetischen Feldes. In Vorbereitg. Bd. 77

Atomphysik von *K. Bechert* und *Ch. Gerthsen*. 3., umgearb. Auflage.
I und II: 1955. In Vorbereitung . . . . Bd. 1009/1033
III: Theorie des Atombaus. 1. Teil von *K. Bechert*. 148 Seit. mit 16 Abbildungen. 1954 . . . . Bd. 1123/1123a
IV: Theorie des Atombaus. 2. Teil von *K. Bechert*. 170 Seiten mit 14 Abbildungen .1954 . . . . Bd. 1165/1165a
V, VI und VII: 1955. In Vorbereitung . . . . . Bd. 1166/1167/1168

Differentialgleichungen der Physik von *F. Sauter*. 2. Auflage. 148 Seiten mit 16 Figuren. 1950 . . . . Bd. 1070

Physikalische Formelsammlung von *G. Mahler* und *K. Mahler*. 8., verbesserte Auflage. 153 Seiten mit 69 Figuren. 1950 Bd. 136

Physikalische Aufgabensammlung von *G. Mahler* und *K. Mahler*. Mit den Ergebnissen. 7., verbesserte Auflage. 127 Seiten. 1952 . . . . Bd. 243

Chemie

Geschichte der Chemie von *G. Lockemann*. In kurzgefaßter Darstellung
I: Vom Altertum bis zur Entdeckung des Sauerstoffs. 142 Seiten mit 8 Bildnissen. 1950 . . . . Bd. 264
II: Von der Entdeckung des Sauerstoffs bis zur Gegenwart. In Vorbereitung . . . . Bd. 265

Anorganische Chemie von *W. Klemm*. 8. Auflage. 184 Seiten mit 18 Abbildungen. 1954 . . . . Bd. 37

Organische Chemie von *W. Schlenk*. 6., stark erweiterte Auflage. In Vorbereitung . . . . Bd. 38/38a

Allgemeine und physikalische Chemie von *W. Schulze*.
I: 1954. In Vorbereitung . . . . Bd. 71
II: 3., durchgesehene Auflage. 160 Seiten mit 36 Fig. 1949. Bd. 698
III.: Molekülbau. 1955. In Vorbereitung . . . . Bd. 786

Analytische Chemie von *J. Hoppe*. 5., verbesserte Auflage.
I: Reaktionen. 135 Seiten. 1950 . . . . Bd. 247
II: Gang der qualitativen Analyse. 166 Seiten. 1950 . . . Bd. 248

Maßanalyse von *G. Jander* und *K. F. Jahr*. Theorie und Praxis der klassischen und der elektrochemischen Titrierverfahren. 6. Auflage.
I: 140 Seiten mit 18 Figuren. 1952 . . . . Bd. 221
II: 139 Seiten mit 24 Figuren. 1952 . . . . Bd. 1002

Thermochemie von *W. A. Roth*. 2., verbesserte Auflage. 109 Seiten mit 16 Figuren. 1952 . . . . Bd. 1057

Physikalisch-chemische Rechenaufgaben von *E. Asmus*. 2. Auflage. 96 Seiten. 1949 . . . . Bd. 445

Stöchiometrische Aufgabensammlung von *W. Bahrdt* und *R. Scheer*. Mit den Ergebnissen. 5., verbesserte Auflage. 120 Seiten. 1952 . . . . Bd. 452

Elektrochemie und ihre physikalisch-chemischen Grundlagen von *A. Dassler*.
I: 149 Seiten mit 21 Abbildungen. 1950 . . . . Bd. 252
II: 178 Seiten mit 17 Abbildungen. 1950 . . . . Bd. 253

Technologie

Warenkunde von *K. Hassak*† und *E. Beutel*†. 7. Auflage. Neubearbeitet von *A. Kutzelnigg*.
I: Anorganische Waren sowie Kohle und Erdöl. 116 Seiten mit 19 Figuren. 1947 . . . . Bd. 222
II: Organische Waren. 143 Seiten mit 32 Figuren. 1949 . . Bd. 223

Die Fette und Öle von *K. Braun*†. 5., völlig neubearbeitete und verbesserte Auflage von *Th. Klug*. 145 Seiten. 1950 . . Bd. 335

Die Seifenfabrikation von *K. Braun*†. 3., neubearbeitete und verbesserte Auflage von *Th. Klug*. 116 Seiten mit 18 Abbildungen. 1953 . . . . Bd. 336

Textilindustrie von *A. Blümcke*.
I: Spinnerei und Zwirnerei. 112 Seiten mit 43 Abbildungen. 1954 . . . . Bd. 184

Biologie

Hormone von *G. Koller*. 2., neubearbeitete und erweiterte Auflage. 187 Seiten mit 60 Abbildungen und 19 Tabellen. 1949 . . . . Bd. 1141

Fortpflanzung im Tier- und Pflanzenreich von *J. Hämmerling*. 2., ergänzte Auflage. 135 Seiten mit 101 Abbildungen. 1951 . . . . Bd. 1138

Geschlecht und Geschlechtsbestimmung im Tier- und Pflanzenreich von *M. Hartmann*. 2., verbesserte Auflage. 116 Seiten mit 61 Abbildungen und 7 Tabellen. 1951 . Bd. 1127

Grundriß der allgemeinen Mikrobiologie von *W. Schwartz*
I: 104 Seiten mit 17 Abbildungen. 1949 . . . . Bd. 1155
II: 93 Seiten mit 12 Abbildungen. 1949 . . . . Bd. 1157

Symbiose der Tiere mit pflanzlichen Mikroorganismen von *P. Buchner*. 2., verbesserte und vermehrte Auflage. 130 Seiten mit 121 Abbildungen. 1949 . . . . Bd. 1128

Botanik

Entwicklungsgeschichte des Pflanzenreiches von *H. Heil*. 2. Auflage. 138 Seiten mit 94 Abbildungen und 1 Tabelle. 1954 Bd. 1137

Morphologie der Pflanzen von *L. Geitler*. 3. Auflage. 1954. In Vorbereitung. . . . . Bd. 141

Pflanzenzüchtung von *H. Kuckuck*. 3., völlig umgearbeitete Auflage.
I: Grundzüge der Pflanzenzüchtung. 132 Seiten mit 22 Abbildungen. 1952 . . . . Bd. 1134

Die Laubhölzer von *F. W. Neger*† und *E. Münch*†. Kurzgefaßte Beschreibung der in Mitteleuropa gedeihenden Laubbäume und Sträucher. 3., durchgesehene Auflage, herausgegeben von *B. Huber*. 143 Seiten mit 63 Figuren und 7 Tabellen. 1950 . . . . Bd. 718

Die Nadelhölzer (Koniferen) und übrigen Gymnospermen von *F. W. Neger*† und *E. Münch*†. 4. Auflage. Durchgesehen und ergänzt von *B. Huber*. 140 Seiten mit 75 Figuren, 4 Tabellen und 3 Karten. 1952 . . . . Bd. 355

Zoologie

Entwicklungsphysiologie der Tiere von *F. Seidel.*
I: Ei und Furchung. 126 Seiten mit 29 Abbildungen. 1953 . . . . Bd. 1162
II: Körpergrundgestalt und Organbildung. 159 Seiten mit 42 Abbildungen. 1953 . . . . Bd. 1163

Das Tierreich.
Fische von *D. Lüdemann.* In Vorbereitung . . . . . Bd. 356
Insekten von *H. von Lengerken.* 128 Seiten mit 58 Abbildungen. 1953 . . . . Bd. 594
Lurche von *K. Herter.* In Vorbereitung . . . . . . Bd. 847
Spinnentiere von *A. Kaestner.* In Vorbereitung . . Bd. 1161
Weichtiere von *S. Jaeckel.* In Vorbereitung . . . . Bd. 440
Würmer von *S. Jaeckel.* In Vorbereitung . . . . . . Bd. 439

Vergleichende Physiologie der Tiere von *K. Herter.* 3. Auflage der „Tierphysiologie".
I: Stoff- und Energiewechsel. 155 Seiten mit 64 Abbild. 1950 . . . . Bd. 972
II: Bewegung und Reizerscheinungen. 148 Seiten mit 110 Abbildungen. 1950 . . . . Bd. 973

Land- und Forstwirtschaft

Landwirtschaftliche Tierzucht von *H. Vogel.* Die Züchtung und Haltung der landwirtschaftlichen Nutztiere. 139 Seiten mit 11 Abbildungen. 1952 . . . . Bd. 228

Kulturtechnische Bodenverbesserungen von *O. Fauser.* 4., neubearbeitete Auflage.
I: Allgemeines, Entwässerung. 122 Seiten mit 47 Abbildungen. 1947 . . . . Bd. 691
II: Bewässerung, Ödlandkultur, Umlegung. 150 Seiten mit 67 Abbildungen. 1949 . . . . Bd. 692

Agrikulturchemie von *K. Scharrer.*
I: Pflanzenernährung. 143 Seiten. 1953 . . . . Bd. 329

Geologie · Mineralogie · Kristallographie

Kristallographie von *W. Bruhns†* und *P. Ramdohr.* 4. Auflage. 106 Seiten mit 163 Abbildungen. 1954 . . . . Bd. 210

Einführung in die Kristalloptik von *E. Buchwald.* 4., verbess. Auflage. 138 Seiten mit 121 Figuren. 1952 . . . . Bd. 619

Lötrohrprobierkunde von *M. Henglein.* Mineraldiagnose mit Lötrohr und Tüpfelreaktion. 3., verbesserte Auflage. 91 Seiten mit 11 Figuren. 1949 . . . . Bd. 483

Mineral- und Erzlagerstättenkunde von *H. Huttenlocher.*
I: 128 Seiten mit 34 Abbildungen. 1954 . . . . Bd. 1014
II: 156 Seiten mit 48 Abbildungen. 1954 . . . . . Bd. 1015/1015a

Mineralogie von *R. Brauns†* und *K. F. Chudoba.* 9. Auflage. 1954. In Vorbereitung . . . . Bd. 29

Petrographie. Von *W. Bruhns†* und *P. Ramdohr.* 4., durchgesehene Auflage. Mit 10 Abbildungen. 1954. In Vorbereitung . . . . Bd. 173

Geologie von *F. Lotze.* In Vorbereitung . . . . Bd. 13

Technik

Metall

Metallkunde. Einführendes über Aufbau, Eigenschaften und Untersuchung von Metallen und Legierungen sowie über Grundlagen des Schmelzens, des Gießens, des Verformens, der Wärmebehandlung, der Oberflächenbehandlung, der Verbinde- und Trennarbeiten von *H. Borchers.* 2. Auflage.
I: Aufbau der Metalle und Legierungen. 110 Seiten mit 2 Tabellen und 90 Abbildungen. 1950 . . . . Bd. 432
II: Eigenschaften. Grundzüge der Form und Zustandsgebung. 154 Seiten mit 8 Tabellen und 100 Abbildungen. 1952 . . . . Bd. 433

Elektrotechnik

Die Gleichstrommaschine von *K. Humburg.* Durchgesehener Neudruck.
I: 102 Seiten mit 59 Abbildungen. 1949 . . . . Bd. 257
II: 98 Seiten mit 38 Abbildungen. 1949 . . . . Bd. 881

Die synchrone Maschine von *K. Humburg.* Neudruck. 109 Seiten mit 78 Bildern. 1951 . . . . Bd. 1146

Induktionsmaschinen von *F. Unger.* 2., erweiterte Auflage. 142 Seiten mit 49 Abbildungen. 1954 . . . . Bd. 1140

Transformatoren von *W. Schäfer.* 2. Auflage. 128 Seiten mit 74 Abbildungen. 1949 . . . . Bd. 952

Verbrennungskraftmaschinen von *W. Endres.* In Vorbereitung Bd. 1076

Die komplexe Berechnung von Wechselstromschaltungen von *H. K. Meinke.* 160 Seiten mit 114 Abbildungen. 1949 . Bd. 1156

Theoretische Grundlagen zur Berechnung der Schaltgeräte von *F. Kesselring.* 3. Auflage. 144 Seiten mit 92 Abbildungen. 1950 . . . . Bd. 711

Elektromotorische Antriebe (Grundlagen für die Berechnung) von *A. Schwaiger.* 3., neubearbeitete Auflage. 96 Seiten mit 34 Abbildungen. 1952 . . . . Bd. 827

Technische Tabellen und Formeln von *W. Müller.* 4., verbesserte und erweiterte Auflage von *E. Schulze.* 152 Seiten mit 105 Figuren. 1951 . . . . Bd. 579

Überspannungen und Überspannungsschutz von *G. Frühauf.* Durchgesehener Neudruck. 122 Seiten mit 98 Abbildungen. 1950 . . . . Bd. 1132

Dynamik von *W. Müller.* 2., verbesserte Auflage.
I: Dynamik des Einzelkörpers. 128 Seiten mit 48 Figuren. 1952 . . . . Bd. 902
II: Systeme von starren Körpern. 102 Seiten mit 41 Figuren. 1952 . . . . Bd. 903

Technische Schwingungslehre von *L. Zipperer.*
I: Allgemeine Schwingungsgleichungen, einfache Schwinger. 2., neubearbeitete Auflage. 120 Seiten mit 101 Abbildungen. 1953 . . . . Bd. 953
II: In Vorbereitung . . . . Bd. 961

Maschinenbau

Werkzeugmaschinen von *K. P. Matthes.*
I: 1954. In Vorbereitung . . . . Bd. 561

Die Maschinenelemente von *E. A. vom Ende.* 2., verbesserte Auflage. 159 Seiten mit 173 Figuren und 12 Tafeln. 1950 Bd. 3

Das Maschinenzeichnen mit Einführung in das Konstruieren von *W. Tochtermann.* 4. Auflage.
I: Das Maschinenzeichnen. 156 Seiten mit 77 Tafeln. 1950 Bd. 589
II: Ausgeführte Konstruktionsbeispiele. 130 Seiten mit 58 Tafeln. 1950 . . . . Bd. 590

Die Werkstoffe des Maschinenbaus von *A. Thum* und *C. M. von Meysenbug.* 2 Bände. In Vorbereitung . . . . Bd. 476/936

Getriebelehre von *P. Grodzinski.* 2., neubearbeitete Auflage.
I: Geometrische Grundlagen. 159 Seiten mit 142 Figuren. 1953 . . . . Bd. 1061

Gießereitechnik von *H. Jungbluth.*
I: Eisengießerei. 126 Seiten mit 44 Abbildungen. 1951 . . Bd. 1159

Die Dampfkessel und Feuerungen einschließlich Hilfseinrichtungen in Theorie, Konstruktion und Berechnung von *W. Marcard*†. 2. Auflage. Neubearbeitet von *K. Beck.*
I: Die theoretischen Grundlagen. Wärme, Verbrennung, Wärmeübertragung. 150 Seiten mit 42 Abbildungen und 16 Tabellen. 1951 . . . . Bd. 9
II: Dampfkessel. 147 Seiten mit 43 Abbildungen. 1952 . . Bd. 521

Technische Thermodynamik von *W. Nusselt.*
I: Grundlagen. 3., verbesserte Auflage. 144 Seiten mit 71 Abbildungen. 1950 . . . . Bd. 1084
II: Theorie der Wärmekraftmaschinen. Neudruck. 144 Seiten mit 87 Abbildungen und 32 Zahlentafeln. 1951 Bd. 1151

Autogenes Schweißen und Schneiden von *H. Niese.* 5. Auflage. Neubearbeitet von *A. Küchler.* 136 Seiten mit 71 Figuren. 1954 . . . . Bd. 499

Elektrische Schweißverfahren von *H. Niese.* Herausgegeben von *H. Dienst.* In Vorbereitung . . . . Bd. 1020

Wasserbau

Wasserkraftanlagen von *A. Ludin.* 2 Bände. 1955. In Vorbereitung . . . . Bd. 665/666

Verkehrswasserbau von *H. Dehnert.*
I: Entwurfsgrundlagen, Flußregelungen. 103 Seiten mit 52 Textabbildungen. 1950 . . . . Bd. 585
II: Flußkanalisierungen und Schiffahrtskanäle. 94 Seiten mit 60 Textabbildungen. 1950 . . . . Bd. 597
III: Schleusen und Hebewerke. 98 Seiten mit 70 Textabbildungen. 1950 . . . . Bd. 1152

Talsperren von *F. Tölke.* 122 Seiten mit 70 Abbildungen. 1953 Bd. 1044

Wehr- und Stauanlagen von *H. Dehnert.* 134 Seiten mit 90 Abbildungen. 1952 . . . . Bd. 965

Hoch- und Tiefbau

Die wichtigsten Baustoffe des Hoch- und Tiefbaus von *O. Graf.* 4., verbesserte Auflage. 131 Seiten mit 63 Abbildungen. 1953 . . . . Bd. 984

Baustoffverarbeitung und Baustellenprüfung des Betons von *A. Kleinlogel.* 2., neubearbeitete und erweiterte Auflage. 126 Seiten mit 35 Abbildungen. 1951 . . . . . . Bd. 978

Festigkeitslehre von *W. Gehler*† und *W. Herberg.*

I: Elastizität, Plastizität und Festigkeit der Baustoffe und Bauteile. Durchgesehener und erweiterter Neudruck. 159 Seiten mit 18 Bildern. 1952 . . . . Bd. 1144

II: Formänderung, Platten, Stabilität und Bruchhypothesen. Bearb. von W. Herberg und N. Dimitrov. Mit 94 Bildern. In Vorbereitung . . . . Bd. 1145

Grundlagen des Stahlbetonbaus von *A. Troche.* 2., neubearbeitete und erweiterte Auflage. 208 Seiten mit 75 Abbildungen, 17 Bemessungstafeln und 20 Rechenbeispielen. 1953 . . . . Bd. 1078

Hebezeuge von *G. Tafel.*

I: 2., verbesserte Auflage mit 230 Figuren. 1954. In Vorbereitung . . . . Bd. 414/414a

Fenster, Türen, Tore aus Holz und Eisen. Eine Einleitung zu ihrer guten Gestaltung, wirtschaftlichen Bemessung und handwerksgerechten Konstruktion von *W. Wickop.* 3., überarbeitete und ergänzte Auflage. 154 Seiten mit 96 Abbildungen. 1949 . . . . Bd. 1092

Heizung und Lüftung von *J. Körting*† und *W. Körting.* 8., neubearbeitete Auflage.

I: Das Wesen und die Berechnung der Heizungs- und Lüftungsanlagen. 140 Seiten mit 29 Abbildungen und 18 Zahlentafeln. 1951 . . . . Bd. 342

II: Die Ausführung der Heizungs- und Lüftungsanlagen. 150 Seiten mit 165 Abbildungen und 7 Zahlentafeln. 1954 . . . . Bd. 343

SAMNLUNG GÖSCHEN / BANDNUMMERNFOLGE

1 Langosch, Der Nibelunge Nôt
3 vom Ende, Maschinenelemente
9 Marcard-Beck, Dampfkessel I
13 Lotze, Geologie
20 Hofstaetter-Spree, Dt. Sprachlehre
29 Brauns-Chudoba, Mineralogie
30 Eckert-Greifendorff-Kleffner, Kartenkunde
32 Schneider, Dt. Heldensagen
37 Klemm, Anorganische Chemie
38/38a Schlenk, Organ. Chemie
42 Behn, Vorgeschichte Europas
47 Rohrbach, Arithmetik
51 Bürklen-Ringleb, Mathematische Formelsammlung
59 Krahe, Indogerm. Sprachwiss.
61 Biehle, Redetechnik
66 Berneker-Vasmer, Russische Grammatik
70 Nestle, Griech. Literaturgesch. I
71 Schulze, Allgem. und physikalische Chemie I
76 Döring, Einführ. i. d. theoret. Physik I
77 Döring, Einführ. i. d. theoret. Physik II
79 Hempel, Gotisches Elementarbuch
80 Weigert, Stilkunde I
87 Witting, Differentialrechnung
88 Witting, Integralrechnung
101 v. Wiese, Soziologie
111 Hoffmann-Debrunner, Geschichte der griech. Sprache I
114 Hoffmann-Debrunner, Geschichte der griech. Sprache II
117 Brandenstein, Griechische Sprachwissenschaft
125 Vossler, Italienische Literaturgeschichte
128 Lausberg, Romanische Sprachwissenschaft I
136 Mahler, Physikalische Formelsammlung
141 Geitler, Morphologie der Pflanzen
142 Haack, Darst. Geometrie I
143 Haack, Darst. Geometrie II
145 Weimer, Gesch. der Pädagogik
146 Witting, Repetitorium und Aufgabensammlung zur Differentialrechnung
147 Witting, Repetitorium und Aufgabensammlung zur Integralrechnung
170 Oehlmann, Musik des 19. Jahrhunderts
173 Bruhns-Ramdohr, Petrographie
174 Waldschmidt, Buddhismus I
180 Böhm, Versicherungsmathematik I
184 Blümcke, Textilindustrie I
200/200a Gottschald, Dt. Rechtschreibungswörterbuch
210 Bruhns-Ramdohr, Kristallographie
221 Jander-Jahr, Maßanalyse I
222 Hassak-Beutel, Warenkunde I
223 Hassak-Beutel, Warenkunde II
226 Hofmann, Geschichte der Mathematik I
228 Vogel, Landw. Tierzucht
230 Krieger, Bad. Geschichte
238 Krahe, Germ. Sprachwiss. I
243 Mahler, Physikal. Aufgabensammlung
247 Hoppe, Analytische Chemie I
248 Hoppe, Analytische Chemie II
250 Lausberg, Roman. Sprachwissenschaft II
252 Dassler, Elektrochemie I
253 Dassler, Elektrochemie II
256 Haussner, Aufgabensammlung zur analytischen Geometrie der Ebene
257 Humburg, Die Gleichstrommaschine I
264 Lockemann, Geschichte der Chemie I
265 Lockemann, Geschichte der Chemie II
270 Kirn, Einführung in die Geschichtswissenschaft
279 Jacob, Quellenkunde der deutschen Geschichte I
280 Jacob, Quellenkunde der deutschen Geschichte II
281 Leisegang, Einführung in die Philosophie

284 Jacob-Weden, Quellenkunde der deutschen Geschichte III
319 Krug, Australien und Ozeanien
329 Scharrer, Agrikulturchemie I
335 Braun-Klug, Fette und Öle
336 Braun-Klug, Seifenfabrikation
342 Körting, Heizung und Lüftung I
343 Körting, Heizung und Lüftung II
344 Moser, Musikästhetik
352 Devrient. Thüring. Geschichte
354 Valentiner, Vektoranalysis
355 Neger-Münch, Nadelhölzer
356 Lüdemann, Fische
375 Preller, Geschichte Englands I
394 Schilling, Vorkantische Philosophie
402 Wielandt, Determinanten
414/414a Tafel, Hebezeuge I
422 Gottschald, Dt. Personennamen
423 Adler, Fünfstell. Logarithmen
431 Hameister, Eiszeitalter
432 Borchers, Metallkunde I
433 Borchers, Metallkunde II
439 Jaeckel, Würmer
440 Jaeckel, Weichtiere
445 Asmus, Physikal.-chemische Rechenaufgaben
452 Bahrdt-Scheer, Stöchiometrische Aufgabensammlung
468 Werkmeister, Vermessungskunde I
469 Werkmeister, Vermessungskunde II
476 Thum-Meysenbug, Werkstoffe des Maschinenbaues I
483 Henglein, Lötrohrprobierkunde
492 Stolz-Debrunner, Geschichte der lateinischen Sprache
499 Niese, Autogen. Schweißen
500 Simmel, Hauptprobleme der Philosophie
521 Marcard-Beck, Dampfkessel und Feuerungen II
536 Lehmann, Kant
538 Rumpf, Archäologie I
539 Rumpf, Archäologie II
557 Nestle, Griechische Literaturgeschichte II
561 Matthes, Werkzeugmaschinen I
564 Behn, Kultur der Urzeit I
565 Behn, Kultur der Urzeit II
566 Behn, Kultur der Urzeit III
571 Lehmann, Philosophie des 19. Jahrhunderts I
576/576a Moser, Gesangskunst
579 Müller-Schulze, Techn. Tabellen
585 Dehnert, Verkehrswasserbau I
589 Tochtermann, Maschinenzeichnen I
590 Tochtermann, Maschinenzeichnen II
594 Lengerken, Insekten
597 Dehnert, Verkehrswasserbau II
619 Buchwald, Kristalloptik
665 Ludin, Wasserkraftanlagen I
666 Ludin, Wasserkraftanlagen II
668 Knopp, Funktionentheorie I
691 Fauser, Kulturtechn. Bodenverbesserungen I
692 Fauser, Kulturtechn. Bodenverbesserungen II
698 Schulze, Allgemeine und physikalische Chemie II
703 Knopp, Funktionentheorie II
709 Lehmann, Philosophie des 19. Jahrhunderts II
711 Kesselring, Berechnung der Schaltgeräte
718 Neger-Münch, Laubhölzer
746 Meier, Statistik
736/763a Beer-Meyer, Hebräische Grammatik I
764/764a Beer-Meyer, Hebräische Grammatik II
768 Bieberbach, Einführung in die konforme Abbildung
769 Beer-Meyer, Hebräisches Übungsbuch
770 Waldschmidt, Buddhismus II
780 Krahe, Germ. Sprachwiss. II
781 Weigert, Stilkunde II
768 Schulze, Molekülbau
807 Kropp, Erkenntnistheorie I
809 Moser, Harmonielehre I
810 Moser, Harmonielehre II
826 Koch, Philosophie des Mittelalters
827 Schwaiger, Elektromotorische Antriebe
837 Baumgartner, Gruppentheorie
845 Lehmann, Philosophie im ersten Drittel des 20. Jahrhunderts
847 Herter, Lurche
855 Dreyhaus, Amerika I
856 Dreyhaus, Amerika II
857 Capelle, Griech. Philosophie I

858 Capelle, Griech. Philosoph. II
859 Capelle, Griech. Philosoph. III
862 Werkmeister, Vermessungskunde III
863 Capelle, Griech. Philosoph. IV
877 Knopp, Aufgabensammlung zur Funktionentheorie I
878 Knopp, Aufgabensammlung zur Funktionentheorie II
881 Humburg, Gleichstrommaschine II
902 Müller, Dynamik I
903 Müller, Dynamik II
910 Jaeger, Afrika I
911 Jaeger, Afrika II
917/917a Böhm, Versicherungsmathematik II
920 Hoheisel, Gewöhnliche Differentialgleichungen
929 Schirmer, Dt. Wortkunde
930 Krull, Elementare und klassische Algebra I
931 Hasse, Höhere Algebra I
932 Hasse, Höhere Algebra II
936 Thum-Meysenbug, Werkstoffe des Maschinenbaues II
952 Schäfer, Transformatoren
953 Zipperer, Techn. Schwingungslehre I
961 Zipperer, Techn. Schwingungslehre II
965 Dehnert, Wehr- u. Stauanlagen
970 Baldus-Löbell, Nichteuklid. Geometrie
972 Herter, Tierphysiologie I
973 Herter, Tierphysiologie II
978 Kleinlogel, Baustoffverarbeitung und Baustellenprüfung des Betons
984 Graf, Die wichtigsten Baustoffe des Hoch- und Tiefbaues
1000 Jaspers, Geistige Situation
1002 Jander-Jahr, Maßanalyse II
1003 Hoheisel, Partielle Differentialgleichungen
1008 Mellerowicz, Allgemeine Betriebswirtschaftslehre I
1009 Bechert-Gerthsen, Atomphysik I
1014 Huttenlocher, Mineral- und Erzlagerstättenkunde I
1015/1015a Huttenlocher, Mineral- und Erzlagerstättenkunde II
1021 Niese-Dienst, Elektr. Schweißverfahren
1031 Apel, Philosophisches Wörterbuch
1033 Bechert-Gerthsen, Atomphysik II
1034 Kranefeldt, Therapeutische Psychologie
1044 Tölke, Talsperren
1045 Schubert, Technik des Klavierspiels
1057 Roth, Thermochemie
1059 Hoheisel, Aufgabensammlung zu den gewöhnl. und partiellen Differentialgleichungen
1061 Grodzinski, Getriebelehre I
1065 Haller, Von den Karolingern zu den Staufern
1070 Sauter, Differentialgleichungen der Physik
1076 Endres, Verbrennungskraftmaschinen
1078 Troche, Stahlbetonbau
1082 Hasse-Klobe, Aufgabensammlung zur Höheren Algebra
1084 Nusselt, Technische Thermodynamik I
1085 Lietzmann, Zeitrechnung
1086 Müller, Dt. Dichten u. Denken
1088 Preller, Geschichte Englands II
1092 Wickop, Fenster, Türen, Tore,
1094 Hernried, System. Modulation
1096 Viëtor, Dt. Dichten u. Denken
1105 Hartung, Dt. Geschichte im Zeitalter der Reformation
1109 Knopp, Elemente der Funktionentheorie
1111 Naumann-Betz, Althochdeutsches Elementarbuch
1113 Strubecker, Differentialgeometrie I
1114 Schubel, Englische Literaturgeschichte I
1115 Ranke, Altnord. Elementarbuch
1116 Meissner, Englische Literaturgeschichte II
1121 Naumann, Dt. Dichten und Denken
1122 Feist, Sprechen und Sprachpflege
1123/1123a Bechert-Gerthsen, Atomphysik III

1124 Meissner, Englische Literaturgeschichte III
1125 Lehnert, Altengl. Elementarbuch
1127 Hartmann, Geschlecht und Geschlechtsbestimmung im Tier- und Pflanzenreich
1128 Buchner, Symbiose der Tiere mit pflanzl. Mikroorganismen
1130 Dibelius, Jesus
1131 Scholz-Schoeneberg Einführung in die Zahlentheorie
1132 Frühauf, Überspannungen und Überspannungsschutz
1134 Kuckuck, Pflanzenzüchtung I
1135 Lehnert, Beowulf
1136 Meissner, Englische Literaturgeschichte IV
1137 Heil, Entwicklungsgeschichte des Tier- und Pflanzenreichs
1138 Hämmerling, Fortpflanzung im Tier- und Pflanzenreich
1140 Unger, Induktionsmaschinen
1141 Koller, Hormone
1142 Meissner-Lehnert, Shakespeare
1144 Gehler, Festigkeitslehre I
1145 Herberg, Festigkeitslehre II
1146 Humburg, Synchrone Maschine
1147 v. Waltershausen, Kunst des Dirigierens
1148 Pepping, Der polyphone Satz I
1151 Nusselt, Technische Thermodynamik II
1152 Dehnert, Verkehrswasserbau III
1153 Mellerowicz, Allgem. Betriebswirtschaftslehre II
1154 Mellerowicz, Allgem. Betriebswirtschaftslehre III
1155 Schwartz, Mikrobiologie I
1156 Meinke, Kompl. Berechnung der Wechselstromschaltungen
1157 Schwartz, Mikrobiologie II
1158 Mayrhofer, Sanskrit-Grammatik
1159 Jungbluth, Gießereitechnik I
1160 Dibelius-Kümmel, Paulus
1161 Kaestner, Spinnentiere
1162 Seidel. Entwicklungsphysiologie der Tiere I
1163 Seidel, Entwicklungsphysiologie der Tiere II
1165/1165a Bechert-Gerthsen, Atomphysik IV
1166 Bechert-Gerthsen, Atomphysik V
1167 Bechert-Gerthsen, Atomphysik VI
1168 Bechert-Gerthsen, Atomphysik VII

AUTORENREGISTER

Adler 8
Apel 3
Asmus 10
Bahrdt-Scheer 10
Baldus-Löbell 9
Baumgartner 8
Bechert-Gerthsen 10
Beer-Meyer 7
Behn 4
Berneker-Vasmer 7
Bieberbach 9
Biehle 5
Blümcke 11
Böhm 9
Borchers 13
Brandenstein 6
Braun-Klug 11
Brauns-Chudoba 12
Bruhns-Ramdohr 12
Buchner 11
Buchwald 12
Bürklen-Ringleb 8
Capelle 3
Dassler 10
Dehnert 14
Devrient 5
Dibelius 3
Dibelius-Kümmel 3
Döring 10
Dreyhaus 7
Eckert-Greifendorff-Kieffner 7
Ende, vom 14
Endres 13
Fauser 12
Feist 5
Frühauf 13
Gehler-Herberg 15
Geitler 11
Gottschald 5
Graf 15
Grodzinski 14
Haack 9
Haller 4
Hameister 7
Hämmerling 11
Hartmann 11
Hartung 4
Hassak-Beutel 11
Hasse 8
Hasse-Klobe 8
Haußner 9
Hell 11
Hempel 5
Henglein 12
Herberg 15
Hernried 4
Herter 12
Hoffmann-Debrunner 6
Hofmann 8
Hofstaetter-Spree 5
Hoheisel 9
Hoppe 10
Humburg 13
Huttenlocher 12
Jacob 5
Jacob-Weden 5
Jaeckel 12
Jaeger 7
Jander-Jahr 10
Jaspers 3
Jungbluth 14
Kaestner 12
Kesselring 13
Kirn 4
Kleinlogel 15
Klemm 10
Knopp 8
Koch 3
Körting 15
Koller 11
Krahe 6
Kranefeldt 3
Krieger 5
Kropp 3
Krug 7
Krull 8
Kuckuck 11
Langosch 5
Lausberg 6
Lehmann 3
Lehnert 6
Leisegang 3
Lengerken 12
Lietzmann 5
Lockemann 10
Lotze 12
Ludin 14
Lüdemann 12
Mahler 10
Marcard-Beck 14
Matthes 14
Mayrhofer 7
Meier 7
Meinke 13
Meissner 6
Mellerowicz 6
Moser, 4
G. Müller 5
W. Müller 13
Müller-Schulze 13
Naumann 5
Naumann-Betz 6
Neger-Münch 11
Nestle 6
Niese 14
Niese-Dienst 14
Nusselt 14
Oehlmann 4
Pepping 4
Preller 5
Ranke 6
Rohrbach 8
Roth 10
Rumpf 4
Sauter 10
Schäfer 13
Scharrer 12
Schilling 3
Schirmer 5
Schlenk 10
Schneider 5
Scholz-Schoeneberg 8
Schubel 6
Schubert 4
Schulze 10
Schwaiger 13
Schwartz 11
Seidel 12
Simmel 3
Stolz-Debrunner 6
Strubecker 9
Tafel 15
Thum-Meysenbug 14
Tochtermann 14
Tölke 14
Troche 15
Unger 13
Valentiner 9
Viëtor 5
Vogel 12
Vossler 6
Waldschmidt 3
von Waltershausen 4
Weigert 4
Weimer 3
Werkmeister 9
Wickop 15
Wielandt 8
von Wiese 3
Witting 8, 9
Zipperer 13

FSC
www.fsc.org
MIX
Papier | Fördert gute Waldnutzung
FSC® C083411

Kolibri 360 GmbH
Ferdinand-Jühlke-Straße 7
99095 Erfurt, Deutschland
produktsicherheit@kolibri360.de